李永新—— 著

笔杆子是怎样炼成的

公文写作实战

Practice of
Official Document
Writing

清华大学出版社
北京

本书封面贴有清华大学出版社防伪标签，无标签者不得销售。

版权所有，侵权必究。举报：010-62782989，beiqinquan@tup.tsinghua.edu.cn。

图书在版编目（CIP）数据

笔杆子是怎样炼成的：公文写作实战 / 李永新著 . —北京：清华大学出版社，2021.6（2025.1重印）
（新时代 · 职场新技能）
ISBN 978-7-302-58255-7

Ⅰ. ①笔… Ⅱ. ①李… Ⅲ. ①公文－写作 Ⅳ. ① H152.3

中国版本图书馆 CIP 数据核字 (2021) 第 100521 号

责任编辑：	刘　洋
封面设计：	徐　超
版式设计：	方加青
责任校对：	王荣静
责任印制：	沈　露

出版发行：清华大学出版社
　　　网　　址：https://www.tup.com.cn，https://www.wqxuetang.com
　　　地　　址：北京清华大学学研大厦A座　　邮　编：100084
　　　社 总 机：010-83470000　　邮　购：010-62786544
　　　投稿与读者服务：010-62776969，c-service@tup.tsinghua.edu.cn
　　　质 量 反 馈：010-62772015，zhiliang@tup.tsinghua.edu.cn
印 装 者：艺通印刷（天津）有限公司
经　　销：全国新华书店
开　　本：148mm×210mm　　印　张：9.375　　字　数：226千字
版　　次：2021年7月第1版　　印　次：2025年1月第21次印刷
定　　价：79.00元

产品编号：089345-01

内容简介

可以说,市面上还没有这样一本公文写作书。

它对文稿起草的全过程原原本本进行复盘(比如对代拟省长讲话稿等文稿进行实战复盘),给人以直观启发和感悟;它对作者日常公文写作积累进行了程序化分解,讲解平时应如何聚焦实战进行广泛积累储备;它对机关公文常用词句进行了分类呈现,供笔杆子们在谋篇布局、开拓思路、搭建框架时查阅,以节省遣词造句时间。

这本书的最大特色就是实战性强,它不讲太多大道理,主要是复盘一线写手的原生态实战过程和技法。它适用于机关、企事业单位等从事文字工作的人员,高校等科研院所从事公文研究的专家学者,备考机关公务员、事业单位、国企笔(面)试的考生。

希望正浏览本书的你,早日成为一域一地的笔杆子!

序

在当下,一个人能够在机关踏踏实实坐下来,把材料写好,这并不容易。在繁忙的文稿写作任务之余,及时将原生态的写作过程特别是电石火光般的宝贵感悟进行复盘,并写出来,使之成体系、可操作、能传播,更不容易。这需要何等的毅力和热情!

愚拙虽作为一名从清华园走出不到十年的新锐写手,他却做到了。

认识愚拙以来,经常同他就文稿出彩写作之法进行探讨,很欣赏他一直葆有的充沛激情、浓厚兴致和难得悟性。这几年来,愚拙边看、边写、边悟,在公众号"出彩写作"中分享了大量原生态式的实战复盘文章,得到来自全国各地党政机关笔杆子们的认可。

听到愚拙新著即将问世的消息,很为他高兴。当他嘱我作序后,我对草稿进行了浏览。如果用一个词语概括我的感受,那就是:原生态!原生态地复盘拟写相关材料的全过程,原生态地呈现自身建构的素材储备体系及干货素材,原生态地重览出彩写作的慢镜头。

这本书共三个部分。第一部分为上篇(基础篇),主要研究解决愿写、能写、善写的动力源问题。中间部分为中篇(实战篇),着墨最多,是全书的精华,主要研究平时出力、战时出彩之法,其中穿插了大量愚拙自身起草有关文稿的实战复盘。第三部分为下篇(素材篇),主要分享愚拙这几年在实战中分类整理的机关公文常用词语集锦，可作为新手笔杆子们启迪思想、谋篇布局、搭建框架、遣词造句的工具书，以备随时查阅。

这本书原汁原味重现了一个省直一线写手从调情况、定盘子、列提纲到具体成稿的全过程，其中不乏对代拟省长讲话稿等文稿的实战复盘，相信读友读后会有更直观的启发和感悟。

功夫在平时。笔杆子间水平的差异，主要还是在平时积累和及时总结。这本书，除了直接复盘文稿起草的实战过程外，更重在呈现一个笔杆子应如何培树良好习惯，分享了作者平时和战时的时间安排、节奏掌控。比如，用很大篇幅，从"要""搜""读""合""练"五个小节，讲解平时应如何聚焦实战进行广泛积累储备。

这本书对愚拙多年原创整理、网络广为传阅的机关公文常用词语集锦进行了优化整合，详附了使用攻略，并分享了很多实用模板，供读友在谋篇布局、开拓思路、搭建框架时查阅，以节省遣词造句的时间，提升辅政鼎新的效能。

最后，向愚拙新著问世表示祝贺，也向广大读者作以推荐。关于这些原生态的实战心得，以及蕴藏在字里行间的干事激情、工作韧劲、治学精神，也建议广大读者去领会、去研习、去实践！相信，假以时日，你也能炼成一域一地的笔杆子！

雄文

（曾任中央机关某部研究室主任，著有《文稿，还能这样写》）

前言
初写材料,怎么入手?

曾经的一位老领导在一次推稿子时对愚拙说,写手一般分三个层次。

第一个层次是领导出框架,写手能够出词句。

第二个层次是领导出思想,写手能够出框架。

第三个层次是领导画画圈,写手能够出思想。

经过数年的历练,再回头品味老领导的话语,简直醍醐灌顶。

其实,这"三个层次"也为我们写材料指明了路径,即:**先从词句开始**,做好体制内常用词句积累,熟悉体制内话语风格,培养拟体制内文稿的语感;**再从谋篇布局练起**,做好常用体例范文积累,研究不同体例框架特点,练习拟提纲的本领技巧;**最后向着出思想的层次迈进**,做好对工作的深入研究,增强相关理论特别是方法论的学习,培养研究解决问题的敏锐性、透彻性。

还有一些前辈将文稿起草的功能分为"三个水准":**一是以文叙事,二是以文辅政,三是以文鼎新**。实际上,这"三个水准"同上面的"三个层次"存在对应关系。如何叙事?需要用合适的词句。如何辅政?需要用合适的思路框架。如何鼎新?需要基于扎实理论实践基础上的准确思想。

俗话说,干活不由东,累死也无功。评判一个材料好坏的考官,首先是领导。那么从领导视角怎么评判材料呢?一般是"三个等级"：一是写得像，二是写得是，三是写得好。

实际上，这"三个等级"也同前面的"三个水准""三个层次"存在对应关系。只有词句选用适宜，基本起到以文叙事作用，才可称得上"写得像"。只有段落布局对路，基本起到以文辅政作用，才可称得上"写得是"。只有思想敏锐、理论深入、问题透彻，起到以文鼎新作用，才可称得上"写得好"。

综上，"三个层次""三个水准""三个等级"给了我们写材料很好的路径。

"被安排到文稿起草的岗位，应怎么入手？""写材料也写了一段时间了，应怎么改进？"……读友可能会有很多类似的疑问。

这也是愚拙试图在本书中回答的问题。

态度决定一切。在精致利己主义盛行的当下，能够舍得花精力把材料写好，并甘坐冷板凳若干年不是一件容易的事。既来之，则安之。既然被安排到文稿起草岗位，我们就应首先解决为什么要写的问题，即深层面的愿写、能写、善写动力源问题。

本书上篇（基础篇）"问清文稿起草的初心"的前4章（"探本质""问自己""清思路""敢于熬"），和读友共同研究如何厘清应写的初心，激起要写的决心，磨炼善写的方法，保养能写的身板。

解决了动力源问题后，应重点研究如何去写的问题，具体是聚焦到如何打好初战、搞好实训、进行实战这三大问题上。

对于初写材料的新手，应该从能够"出词句"入手，做到能够以文叙事，能够用合适的词句完成领导交代的小材料等"初战"任务，首先确保写出的文稿确实"写得像"。

能够打好初战、应对小材料任务后，下一步就需要研究如何"出框架""出思想"了。

中篇（实战篇）"平时出力、战时出彩之法"第5～9章就是着眼于实训、实战，解决具体程序路径问题。"磨刀不误砍柴工"，第5章"磨刀子"中，分享了笔杆子应如何做好平时磨刀和战前磨刀。这些是愚拙的实战经历和感悟，主要解决自身平时习惯问题。"干活不由东，累死也无功"，第6章"定盘子"中，分享了笔杆子应如何把握领导意图，其中还包括愚拙自身的实战复盘。"画竹，必先得成竹于胸中"，第7章"搭架子"中，分享了列提纲前的重中之重、基础要件、实战技巧和愚拙自身实战复盘。如果是临时赶鸭子上架，之前没怎么写过材料，还被安排写，可以重点翻翻第8章"敲键子"，里面分享了起草文稿的一些技巧方法和实战心得。第9章"收果子"中，分享了边写边悟、提升悟性、迁移能力的一些体会，可结合前面8章一起研阅。

最后，再就下篇（素材篇）"机关公文常用词语集锦"作以简要补充说明。下篇（素材篇）共6章，即从第10章到第15章，分类呈现机关公文常用的四字词语、三字词语、五字短语、六字短语、七字短语及动词、名词、形容词、副词，供读友在谋篇布局、开拓思路、搭建框架时查阅参考。据初步统计，这个集锦目前网络传播量达到了百千万级。原集锦包含了词篇和句篇两大部分，鉴于语句方面更新变化太快，本书只选刊了更为精华的词语篇。

无论是新手，还是成手，愿我们最终都能够达到出思想的层次，实现以文鼎新的目标，达到写得好的等级。

目录

上篇 基础篇——问清文稿起草的初心

第1章 探本质——厘清应写的初心 ············ 2

第1节 执笔时，叩问初心 ············ 2
一、文稿起草的本质是什么？ ············ 3
二、缺写手的实质是什么？ ············ 8
三、写材料真的是"能者多劳"吗？ ············ 11

第2节 委屈时，叩问初心 ············ 13
一、如何看待"笔杆子"的无力感？ ············ 14
二、如何看待"笔杆子"的前途？ ············ 15
三、"笔杆子"要不要圆滑些？ ············ 16
四、如何看待"笔杆子"的苦？ ············ 17

第2章 问自己——激起要写的决心 ············ 19

第1节 舍得花精力，都能写得好！ ············ 19
一、写材料与天赋、专业有无关系？ ············ 19

二、从"怕写"到"怕不写" ··· 20

第 2 节　愿意"熬"，都能成为笔杆子！ ················· 23
　　一、"笔杆子"的性格特质是怎样的？ ···················· 23
　　二、"笔杆子"应如何加强自我修养？ ···················· 25
　　三、如何锤炼写好材料的意志？ ·························· 26

第 3 章　清思路——磨炼善写的方法 ····················· 29

第 1 节　关于写得实 ··· 29

第 2 节　关于写得快 ··· 30
　　一、初写者应如何拟写"大材料"？ ···················· 31
　　二、如何成为单位头号"笔杆子"？ ···················· 33
　　三、如何向身边"笔杆子"请教？ ······················· 34

第 3 节　关于写得好 ··· 37
　　一、如何做能谋善干的写手？ ····························· 37
　　二、疫情防控对写材料有哪些启示？ ··················· 39

第 4 章　敢于熬——保养能写的身板 ····················· 43

第 1 节　精力管理 ·· 43
　　一、如何动态管理好自身精力？ ·························· 43
　　二、如何高效管理好每一天？ ····························· 45

第 2 节　压力释放 ·· 47
　　一、应如何自我减压？ ······································· 47
　　二、如何才能劳逸结合？ ··································· 50
　　三、关于"熬"的 4 幅图及打油诗 ······················ 52

中篇 实战篇——平时出力、战时出彩之法

第5章 磨刀子——"磨刀不误砍柴工" ... 58

第1节 要——多主动调度，动态兜清情况 ... 58
一、平时多调度现成材料 ... 59
二、正式调度时做好"一调多用" ... 60
三、平时固化掌握情况的维度及工具 ... 62

第2节 搜——四处寻媒介，广泛储备素材 ... 63
一、平时应如何储备素材？ ... 63
二、平时应重点看哪些报刊？ ... 65
三、多搜集好范文，特别是常写体例 ... 70

第3节 读——静心深阅读，注重实际占有 ... 72
一、如何保持源头活水？ ... 73
二、阅读对写材料是否重要？ ... 75
三、具体应如何泛读？ ... 76
四、如何把握深读的节奏？ ... 76
五、实战复盘：如何从阅读中储备素材？ ... 78
六、实战复盘：具体应如何精读？ ... 81
七、实战复盘：如何固化发现的好思维和好语句？ ... 83
八、如何在阅读中固化各方面情况？ ... 91
九、材料多和阅读间矛盾如何解决？ ... 92

第4节 合——分类萃与合，随时揣摩备用 ... 94
一、材料储存分类方法有哪些？ ... 94
二、如何汇集总结类小标题？ ... 99

第 5 节 练——沙场秋点兵，实战靶向储备 ············ 118
 一、建立几个文稿模板 ································· 118
 二、如何向刊物投稿? ································· 123

第 6 章 定盘子——"干活不由东，累死也无功" ······ 126

第 1 节 能否出彩，始自盘子! ························· 126

第 2 节 "用户"体验第一! ····························· 128
 一、如何赢得领导的认可? ···························· 128
 二、领导说的公文逻辑究竟是什么? ················ 129
 三、平时把握领导意图的渠道 ························ 131
 四、如何利用领导修改的花脸稿? ··················· 134

第 3 节 "受众"感受至上! ····························· 135
 一、如何把握"受众"意图? ························· 135
 二、文稿中，如何同"受众"互动? ················ 137

第 4 节 实战复盘 ·· 142
 一、一次代拟省长讲话稿复盘 ························ 142
 二、主题教育材料定盘子过程复盘 ·················· 143

第 7 章 搭架子——"画竹，必先得成竹于胸中" ······ 145

第 1 节 列提纲前的重中之重：深度研究事! ········· 145
 一、梳理上情，确保应有站位 ························ 146
 二、梳理内情，确保集大成 ··························· 147
 三、梳理下情，确保接地气 ··························· 148
 四、梳理外情，确保参谋辅政价值 ·················· 149

第 2 节　列提纲前的基础要件：深度研究体！ ……… 150
一、从权威范文中找体例遵循 ……………………… 150
二、工作报告、汇报和总结在体例上有何异同？ ……… 151
三、如何做好总结类材料的提炼？ ………………… 153

第 3 节　实战技巧 ……………………………… 155
一、一稿过的诀窍：将领导反复说的放到提纲里 ……… 155
二、"性""感"法则 ……………………………… 156
三、快速列成效类提纲的小套路 …………………… 160
四、快速列措施做法提纲的小套路 ………………… 161
五、捕捉电光石火般灵感的小技巧 ………………… 164

第 4 节　实战复盘 ……………………………… 165
一、一次拟讲话稿提纲复盘 ………………………… 165
二、一个月拟写 20 篇汇报复盘 …………………… 170
三、列提纲不是件容易事 …………………………… 172

第 8 章　敲键子——"急起从之，振笔直遂，以追其所见" ……………………………… 174

第 1 节　套摘堆砌：摘现成段落，先撂到一起 ……… 174
一、先撂上再说 …………………………………… 174
二、"抄"材料的六条法则 ………………………… 178
三、多从自己拟过的材料中摘现成的 ……………… 181

第 2 节　撮要归堆：合并同类项，向主题聚敛 ……… 183
一、"为什么"部分归堆公式及技巧 ……………… 184
二、"是什么"部分归堆公式及技巧 ……………… 186
三、"怎么办"部分归堆公式及技巧 ……………… 187

第 3 节　通读权衡：查补缺漏项，增新意亮点 …………… 189

第 4 节　捋顺打磨：看起承转合，促气脉贯通 …………… 191
 一、硬伤硬痕要直接删掉 ……………………………………… 191
 二、实在不舍就琢磨换掉 ……………………………………… 191
 三、基本定形再去写和顺 ……………………………………… 192

第 5 节　交稿有方：不仅要写好，更要汇报好 …………… 196

第 6 节　实战复盘：3 天起草全省工作报告复盘 ………… 197

第 7 节　熬夜敲键盘时的休养之法 ………………………… 201

第 9 章　收果子——"我是靠总结经验吃饭的" ……… 205

第 1 节　边写边悟，写完及时悟 …………………………… 205
 一、写完要及时复盘 …………………………………………… 205
 二、如何培养写的悟性？ ……………………………………… 207

第 2 节　材料的能力迁移 …………………………………… 210
 一、以拟写文稿的思维办好会务 ……………………………… 210
 二、只会写材料不会说话，怎么办？ ………………………… 211

第 3 节　再为笔杆子们说点话 ……………………………… 215
 一、透支时，分外材料如何拒写？ …………………………… 215
 二、让基层笔杆子少些焦虑 …………………………………… 217

下篇 素材篇——机关公文常用词语集锦

第10章 机关公文常用的四字词语 ······ 224

- 第1节 适用汇报、总结、讲话、政务信息等综合文稿的万能词语 ······ 224
  - 一、提炼成果类小标题常用词语 ······ 224
  - 二、提炼措施类小标题常用词语 ······ 234
- 第2节 适用综合类讲话稿等专项词语 ······ 236
  - 一、适用"为什么"暨讲必要性、论形势类词语 ······ 236
  - 二、适用"是什么"暨讲具体业务类词语 ······ 237
  - 三、适用"怎么办"暨方法论类词语 ······ 239
- 第3节 适用党建类讲话稿等专项词语 ······ 245
- 第4节 适用通讯稿中关于天气的开头词语 ······ 247
- 第5节 适用言论、评论、审议发言等文稿的词语 ······ 247

第11章 机关公文常用的三字词语 ······ 251

第12章 机关公文常用的五字短语 ······ 259

- 第1节 适用综合文稿成效类 ······ 259
- 第2节 适用综合文稿措施类 ······ 262
- 第3节 适用党建类 ······ 264

第13章 机关公文常用的六字短语 ······ 266

第 14 章　机关公文常用的七字短语 …………………… 271

第 15 章　机关公文常用动词、名词、形容词、副词 …… 273

　　第 1 节　常用动词 ………………………………………… 273

　　第 2 节　常用名词 ………………………………………… 274

　　第 3 节　常用形容词 ……………………………………… 274

　　第 4 节　常用副词 ………………………………………… 277

后记　道理都懂，还是不会写，怎么办？ …………………… 279

参考文献 …………………………………………………………… 281

上篇

基础篇
——问清文稿起草的初心

第1章
探本质——厘清应写的初心

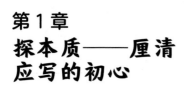

现实中，体制内愿写、能写且乐写的写手非常稀缺，导致一些单位不得不通过借调、遴选、选调、上挂学习等方式到处㧈摸年轻写手。为什么会造成这种状况呢？一是畏写者有之，"宁可喝马尿，不要写材料"，大多都怕文稿起草的苦、累、难、重。二是鄙写者有之，有的认为写材料不过就是酸秀才简单地抄抄凑凑，但要让其"简单"地上手写写，却不敢再搭话了。三是厌写者有之，有的可能之前对文稿起草的苦深有体会，或者感觉没有意义，或者感觉没有前途，写得委屈了，写得不耐烦了。

其实，每个笔杆子或多或少都曾有过畏写、鄙写、厌写的经历。那么，如何解决呢？这就需要我们正确认识文稿起草的本质、缺写手的实质，厚植愿写的土壤，培育乐写的种子，让愿写、能写、乐写蔚然成风，让深度研究工作蔚然成风。

第1节　执笔时，叩问初心

作为个人而言，说服自己持续执笔，并非易事；作为管理者而言，激励鞭策队伍执笔，难上加难。大家都知写材料难，挖个成手难，但对文稿起草的本质、缺写手的实质或者知之甚少，或者深有体会但却讳莫若深。很多时候，都在抱着寻找"老实人"的心态，不愿、不屑深挖根本。若想从根本上解决不愿写材料、无人写材料的问题，唯有叩问初心，科学应对。

一、文稿起草的本质是什么？

关于材料的本质，很多前辈给出的不同答案，都曾给愚拙很大启发。随着文稿起草的逐步深化，愚拙逐渐形成这么一种认识：**文稿起草的价值在于研究解决问题，其本质就是将深入提出问题、分析问题、解决问题的过程用文字形式予以呈现**。具体到某一文稿任务，就是**在深度研究工作、研究人的基础上，根据具体场合、背景，用恰当的体例、方式通过文字形式予以呈现**。

总体看，要写好材料，离不开四个深度研究。

1. 深度研究事

把事搞透是写好材料的基本前提。

写材料，重在研究事。材料拟写的深度、广度、温度，最终取决于对事的研究程度。从这个角度讲，与其说是"写"材料，不如说是"谋"工作。

只要能把工作搞透、兜全，即便写不出流畅圆润的好材料，也能提供翔实的一手素材，成为一域一地的业务通。这样的业务通，只要稍加注重理论的学习和不同体例文稿的研究，很快就能成为一域一地的笔杆子。

要成为综合领域的笔杆子，至少是半个业务通，或者具备短时间搞清搞懂业务的学习能力、专业素养、意志品质。

如何短时间熟悉陌生领域业务呢？

那就要迅速从上情下情内情外情四个维度全面梳理工作的内涵和外延，大集成地动态梳理相关工作的历史沿革、发展现状、理论前沿、形势问题、对策思路，确保材料始终站位高、视角广、思路新、措施实。

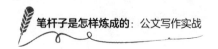

梳理过程中，不妨像写毕业论文那样做个文献综述。梳理明白了，弄懂弄透了，就知道大概怎么写了。

比如，写专项活动部署稿，就需要迅速梳理各级有关文件、讲话，做好理论储备；写总结稿，就需要把来龙去脉厘清楚，尤其是把做法成果兜全、厘清、提炼好。

需要强调的是，一个成熟的笔杆子，不应让自己如此被动，而应把功夫下在平时。只有平时多研究业务，关键时刻才能从容执笔。相关实战经验，我们将在中篇（实战篇）的第5章"磨刀子"等章节中详述。

2. 深度研究人

把人搞透是"写得好"的关键所在。

写材料，贵在研究人。要研究代谁写材料（讲者）、谁会听材料（听者）。在呈现共性特点的同时，也要注意体现个性化差异。

要站在"讲者"角度，体现其站位、其思维、其关切。

要站在"受众"角度，见人说人话，说其能听得懂、习惯听的话。

工作中常见到，一些写手文字基本功和业务能力都非常好，对总结、方案、政务信息等公文可谓驾轻就熟，在单位里也算是小有名气的笔杆子，但一遇到稍有个性和难度的讲话稿、党课稿、理论中心组发言、生活会发言、致辞，就写得有些不尽如人意，难入领导法眼了。

原因何在？

就在于只停留在研究事的层次，而没有花更多精力去研究人。

那么，如何研究人呢？

搞综合的同志平时需要多花些功夫，深度研究领导的共性思维特点和个性特点，锤炼领导共性思维，洞察领导日常关切，体验领导应有视野，对标做好储备工作。

写稿时，要带着强烈的角色意识。总体上看，领导讲话等材料通常是8分共性、2分个性，即：80%是通用的，与之相应，我们可花80%的时间、精力研究广义上的技法；20%是个性化的，与之相应，我们要花20%的时间、精力研究领导本人特点。

研究广义技法，可以动态跟进并研习不同层级的几个领导同志的讲话材料，这对于锤炼领导共性思维、开拓公文写作视野、研究有关业务工作、增强公文写作语感、做好平时资料储备大有裨益。

研究自己单位领导特点，主要是多收集领导以前的讲话等综合材料，多从领导的讲话、谈话中悟，多从领导参与的政务、事务活动中悟，多从领导阅读的书报、关注的信息中悟，多从领导批示、交办的事项中悟，研究其文风特点，研究其业务关注点，对标储备努力即可。相关实战经验，我们将在中篇（实战篇）第6章"定盘子"第2节"'用户'体验第一！"中详述。

综合是相对的，不是绝对的。

我们在单位里可能是综合人员，但在上级单位眼里，就是业务人员了。

我们经常会接到为上级拟写专题业务类发言稿的任务。比如，处室人员为厅领导代拟发言稿，厅里人员为省领导代拟发言稿。这就需要我们跳出自身业务，去深入研究上级领导特点。

能不能写好这样的稿子，关键不在于自己是否足够专业（肯定比上级领导的文秘人员要专业），而在于对上级领导的站位、思维等体验是否准确。

愚拙曾代拟过一篇省长专项领域发言材料（见第6章第4节"一次代拟省长讲话稿复盘"）。当时，为了找到感觉，曾把一年以来有关省长的所有政务信息、讲话材料找来通读了一遍，把省长近几年相关工作论述搜来通读了一遍。当找到当省长的感觉时，才敢动

笔去写，而且也写得相对从容、畅快。

除了要研究领导，研究受众也很重要。要搞懂他们的关注点，甚至要从中找到提纲的具体切入点。比如，拟写汇报稿，研究听者甚至比研究讲者更重要，因为他们是更大的东家。相关实战经验和全过程复盘，我们将在中篇（实战篇）第6章"定盘子"第3节"'受众'感受至上"中详述。

3. 深度研究体

写材料，要善于研究"体"。要想"写得像""写得是""写得好"，最基本的还是搞清体例，如此才能对路。

在网络发达的当下，研究体例不是一件难事。

平时可多根据自身工作特点，利用网络多去搜索和深度掌握15种公文、政务信息、总结稿、汇报稿等常用文稿的体例。

其实，即便是同一类型稿子，在不同场合，根据不同需要，也会有不同的写法。

这就需要我们多去主动挖掘、积累，多去学习同一个稿子的N种写法。

只有平时多去琢磨不同的体例、形式，才能在关键时随心所欲，不拘于形式，不受所谓体例、形式的限制，真正做到内容大于形式。

另外，有时我们也会接到不常写的文种，这就需要现学现卖，利用好网络搜索功能，赶紧找几篇经典范例，琢磨其基本体例，以免贻笑大方。

一些文稿体例，我们将在中篇（实战篇）讲解一部分，更多的内容可到微信公众号"出彩写作"中查阅动态集锦，那里有鲜活范文。

4. 深度研究景

写材料，要主动研究具体的场景、背景。

同样的事项，如面临不同的背景，不同的发展阶段，不同的具体要求，拟写起来可能有很大不同。

这就需要多见世面，多些人情味，多些烟火气。

要有画面意识，多些走心的"现挂"。

要有发展眼光，体现出阶段性的现状和思考。

具体而言，就是要搞清具体背景、具体要求，把通知搞来，甚至打电话问问组织者，问清议程、时长、主题等有关情况，在文稿中集中体现。

关于这一点，需要我们在日常积累中多品味同一主题下的不同文稿，具体体会在表达方式方法上有哪些共性规律可供遵循，又有哪些个性化特色值得借鉴，以提升文稿的针对性和实效性。

愚拙有个培养深度感知景、深度研究景能力的小技巧，那就是研读高质量的通讯稿、致辞稿。这类稿件通常融入具体场景，主动进行互动，多加研读是储备这方面技法的捷径。

5. 结语

依靠现在发达的网络技术，平时做好以上四个研究，多搜集材料，多琢磨共性的方法技巧，并运用到自身写作实践中，进而大集成地建构起自身写作体系，不断锤炼能时刻担当起完成单位大材料任务的能力，关键时刻就能写出既高大上又接地气，还有鲜明特点的材料。

仔细观察一下，每个单位能叫得响的笔杆子，都是以上四个深度研究的最好践行者。

但是，做好四个深度研究不是一件容易事，要舍得花精力、花时间。

这是个痛苦的过程，需要付出极多的时间、极大的心血。

所以，要成为笔杆子，不见得是天赋问题。没有一个材料是好写的。大家在写材料时遇到的困难，笔杆子们也会遇到。大家在写材料时面临的孤独，笔杆子们也都深有体会。

有个段子说科比比别的篮球运动员要牛，是因为他经常看到早上4点钟的城市。

不知道是否属实。

但很多笔杆子，确实经常看到4点钟城市的样子。

畏写、鄙写、厌写，说到底就是缺乏深度学习的勇气及支持深度学习的土壤。

好的材料，从来都是良心材料，都是基于深度研究事、人、体、景，把各方面情况搞清搞透，恰到好处地有机提炼，用相对合理的观点统率起来，且能够在不同场合、不同背景下，面对不同受众，用不同的方式呈现出来。

二、缺写手的实质是什么？

无论是写材料还是干业务，要想干得特别好，都离不开深度研究、深度思考。具体些，就是离不开深度研究掌握情况、深度谋划设计、深度进行推动。

1. 体制内单位缺写手的本质

从网上一些信息及读友在公众号"出彩写作"的留言中可以感受到：一些体制内单位严重缺乏写手。其实，这只是一种表象。

究其根本，从个人微观层面看，主要是缺乏骨子里愿意深度研究工作的决心，缺乏行动上愿意花精力广泛调度调研、深度掌握上情下情内情外情的执着；缺乏执笔时愿意熬心血根据不同情况进行提炼、比较、集大成呈现的钻劲。

从单位宏观层面看，主要是缺乏支持深度思考的激励手段，缺乏深度思考的氛围和价值追求。谁愿写能写就统统让其写，谁愿写不能写、能写不愿写或不愿写不能写就放任自流，存在着严重的"年轻人"依赖症、"骨干"依赖症、"政研室"依赖症、"办公室"依赖症、"文字综合"依赖症。从管理上看，这是典型的"鞭打快牛"式管理。

久而久之，原本愿写能写的，战线越拉越长，既成为急难险重任务的先锋，又成为杂七杂八任务的清道夫。随着体力、脑力、精力、心力透支和"草料"的缺失，逐渐转化为能写不愿写的。原本愿写不能写的，随着时间推移，因缺乏指导，工作激情式微，越来越畏写怕写，越来越边缘化。原本能写不愿写的，优哉游哉，彻底没了再拿起笔的勇气和动力。原本不愿写不能写的，乐于在跑跑颠颠中坐等退休。

2.体制内最理想的状态

写和干从来都不是对立的。谁也不比谁更优越，更辛苦，很多时候是没有可比性的。

但写和干又各自可分为若干等级。负责文稿起草的同志，可粗分为写得特别好的，写得一般好的，写得不太好的。负责干业务的，也可粗分为干得特别好的，干得一般好的，干得不太好的。

但凡写材料写得特别好的，肯定是对业务进行了深度研究，去干业务也基本能够干得好。同样，干业务干得特别好的，也能够写出特别好的稿子或者是基础稿，稍微加上些"人"和"景"的因素，就是好稿子。

因为无论是写材料还是干业务，要想写得特别好、干得特别好，

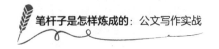

都离不开深度思考。具体些,就是离不开深度研究掌握情况、深度谋划设计、深度进行推动。

《西游记》中有句很经典的话:"纵然是块铁,下炉能打得几根钉?"同样,一个人或几个人的力量毕竟是有限的,能耐再大,也很难把所有材料都写好。

因此,体制内最理想的状态应该是:人人都能干,人人都能写。

不能一有急难险重任务,就着急"鞭打快牛",任快牛八小时内外孤独耕种、孤军奋战。不能一味想着做老好人,任懒牛慢牛上班优哉、下班走人。也不要总想着招几个能写的年轻人就能解决全部问题。这样循环往复,快牛期会越缩越短,人浮于事会越来越重。

只有厚植乐于深度思考的土壤,激发乐于深度思考的意愿,才是正道,也才是根本之道。

3. 如何破解体制内缺写手的难题

这个土壤如何厚植?这个意愿如何激发?

从单位组织的宏观角度看,要当好深度思考的示范者。无论是文稿起草方面的调度调研、布局谋篇、分块撰写、统稿改稿定稿,还是具体开展工作方面的谋划设计、推动落实及总结提升,在关键节点上都要尽量积极参与、全程指导。要及时选拔一批深度思考、成果丰硕的实干家、谋略家,形成良好的用人导向。

从中层领导的中观角度看,要当好深度思考的推动者。队伍硬不硬,中层很关键。要避免只当"通讯员"、只干扳道岔,要鼓励其带头钻业务,真正做好计划、组织、协调、控制,真正鼓励先进、鞭策后进、带好队伍,实现扁平化管理和质效双提升。

从干部个人的微观角度看,要当好深度思考的践行者。应将深度思考作为职业操守和工作标准,以深度思考的勇气、果敢和精神,将分内工作干到极致。希望愿写的继续保持对写的热爱，花心思琢磨，下力气积累，动脑筋练习。希望能写的继续保持对写的初心，做好以文叙事、以文辅政、以文鼎新。希望做事务性工作的，在做好本职工作之外，研究如何优化流程、完善制度、形成文字。没有一定的务虚能力，事务性工作也不可能干得太好。希望能写愿写的，在秉持初心、任劳任怨的同时，也要适度放轻松。在累的时候，不妨沏杯热茶，看看窗外的风景。

三、写材料真的是"能者多劳"吗？

看过非常精辟的一句话：哪有那么多"能力问题"，在牛到一定程度之前，全是"态度问题"。这句话同样适用于写材料。

体制内，与其说是"能者多劳"，不如说是"愿者过劳"。

单位里，在对写材料任务特别是一些所谓的大材料任务进行分工时，通常倾向于安排给极少数"笔杆子"，并在私底下不疼不痒说一句"能者多劳"。

短短几个字，风轻云淡间，就把本应该业务处室干的全面梳理上情、下情、内情、外情及工作谋划、设计、推进、落实推得干干净净。

实际上，一个单位里的"能者"是不少的。比如，直接呈领导班子尤其是主要领导的材料，通常都写得不差，党委会、党组会上的汇报材料通常质量都很高。

因此，抛开是否"能者"先不谈，其实那些整天加班熬夜的"笔杆子"，其最宝贵的品质应是一个"愿"字。这也是体制内单位里比较稀缺的品质。说得通俗一点，所谓"愿"，就是态度端正，心存敬畏，胸怀理想，愿意为事业吃苦受累。

"负责文稿起草的人"一般对应的是"负责事务性工作的人"。

最理想的情形是：能写好材料的人也能干好事务性工作；能干好事务性工作的人也能写好材料。当今时代，亟需既能写又能干的全面型机关人才。

但在现实中，愿写能写的人极少。有的能写不愿写，有的愿写不能写，有的既不愿写又不能写。总之，大多数人更愿意干事务性工作。同很多朋友、读友闲聊时，大家普遍认可材料界存在的"二八法则"：一个单位里，通常能写的占20%，愿写的占20%，能写愿写的仅占4%，这4%的同志可能要承担80%的重要文稿写作任务。

个别同志追求养生式工作，乐于干些跑跑颠颠的事务性工作，跑完就干完，干完就休息。领导安排文稿任务时，他们或者以年龄或者以家庭或者以能力为由不愿承担。久而久之，有文稿任务时，哪怕是其业务范围内的文稿任务，也不得不让其他"愿者"承担。

有的同志伏案埋首，一坐一整天，一天又一天，直到住进医院。因为他们既要干好本职工作，又要因"能"而承受一些过劳的任务。干完一件，还有若干件。忙里偷闲，还得充电，阅览报纸杂志，查阅政策文件，及时储备素材，动态掌握情况。表面上看到的"能"，实际上是大量的精力消耗、时间付出以及家庭牺牲。

其实，除了必要的综合部门，业务处室就不该设文字综合这样的岗位，而应该扁平设计、各干一摊、各负其责。承担业务工作，就应该全面梳理业务内上情下情内情外情，动态搞清历史沿革、发展现状、存在问题、下步对策；就应该承担起掌握情况、谋划设计、研究推动、具体落实的全流程、全环节，并在不同环节，负责用文字准确全面表达。干工作的极致，就是把事儿研究通透。只要事儿研究通透了，干明白了，写文字也不会是什么难事。

现实中，负责文稿起草的人，尤其是任职于综合部门的人，在调度、研究及谋划工作中，经常和不同层面的同志打交道，练就了严谨、干练的办事能力，往往也能胜任事务性工作。而单干具体事务性工作的人，却不一定能胜任写材料这项工作。所以，常常会看到负责文稿起草的人被紧急派去干事务性工作，却很少看到干事务性工作的人被紧急派去写材料。于是，负责文稿起草的人，特别是"笔杆子"，因其多面手属性，可能会承担更多的任务。

有谁不想工作轻轻松松，多些时间陪伴家人、享受生活呢？又有谁愿意加班熬夜，熬出精力体力疲劳，熬出一身病，熬出"过劳肥"呢？那些老老实实、默默承担的，比起那些养生式工作的，多的其实更多是"愿"的态度和品质！

不"愿"花精力花时间深度研究事儿，怎能写出厚实的材料？遇到稍微复杂些的材料，就以"能者多劳"为由退居二线、到点下班。本该负责的业务，基本情况掌握不清，存在问题一问蒙圈，未来措施心中无谱，能写出有深度的材料就怪了。这个深度研究工作的过程，不该简单由"笔杆子"来搞。更有甚者，活儿没干，直接简单粗暴让"笔杆子"来编。

其实，从管理者角度讲，职责划分、工作摆布、人员使用也是极考验管理智慧的事情，要敢于从"鞭打快牛"怕出错的思维，扭转到扁平管理、各守各摊、谋划设计、推进落实写稿一体化的思维上，要逼着慢牛"愿"起来、"能"起来。必要时，要舍得花精力"带跑""陪跑"，这对营造良好氛围、提升团队战力很有意义。

第 2 节　委屈时，叩问初心

文稿起草的意义何在？前途何在？是否应学着圆滑？辛苦应怎么排解？当一腔热血遭受委屈时，难免会动摇写的信心。要想解

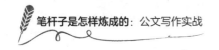

决此类问题，唯有叩问初心，积极应对。

一、如何看待"笔杆子"的无力感？

之前有读友在"出彩写作"给愚拙留言："给领导写会议讲话，过程有多痛苦就不提了。开会的时候，看见领导在那里慷慨陈词，心里暗爽，但是一看下面的绝大多数人眼神空洞，有几个甚至昏昏欲睡，没有谁在乎台上的人讲的是什么。那时候心里有一种深深的无力和空虚感……"

那么，究竟应如何去除这种无力感和空虚感呢？

写的痛苦过程，不再赘述。要在可控的时间内，养成良好的生活习惯，适当运动运动。要经常性提醒自己把手机搁下来，把脑子空下来，把节奏慢下来，跑跑步，出出汗，做做饭，让自己精神放轻松、身子动起来，转移压抑的情绪。

领导能够"慷慨陈词"，至少说明领导总体上对你的材料能力是肯定和认可的！领导是否满意，永远都是领导讲话稿是否合格的首要衡量标准。能够做到这一点，已经很不容易了。只要有了领导的信任，在拟写文稿、参谋辅政的时候，也就有了创新谏言的资本和底气。

听者眼神空洞、昏昏欲睡，不在乎台上讲什么，是再正常不过的事情了。相信每个人都有走神的时候，这取决于很多因素。比如，文稿的可听性如何，在拟写时是否兼顾了听者的特点和需要；文稿的精彩度如何，在内容上有没有亮点；文稿的长短是否适宜；会场的温度、湿度如何；等等。

其实，只要有那么一句话，几个词，能被与会者记住，就说明讲话稿很成功了。永远不要期望与会者能捕捉到讲话稿所有的信息，所有的内容。与其面面俱到，不如重点突出。讲话稿不要贪求大而全，那是方案该干的活。讲话的定位应是动员部署。比较好的做法，就是能概括出易懂好记的几个词、几个句，这也便于会议精神的传达，尤其是口口相传。

机关的运转，离不开种类不同、大大小小的讲话稿。但讲话稿也不是万能的。开会讲话，不能为讲而讲，一讲了之。那样，无论谁去听，都会眼神空洞、昏昏欲睡。开会时，桌子上应尽量摆上活动的方案，尤其是活动部署动员类会议。这样能够让与会人员迅速知晓会议的目的、活动的重点。台上的讲话，也应服务于这个方案。如果想追求更好的会议效果，最好能将领导讲话稿和活动方案一并摆在桌子上，供与会人员快速掌握会议精神参阅。这样，与会人员手里有看的，耳朵有听的，注意力更能聚焦，从而最大程度解决眼神空洞、昏昏欲睡的问题。其实，台上讲话者若能不时就讲稿中的内容，结合会场具体情况，来一些脱稿现挂，来一些答惑释疑，效果可能就会更好了。

二、如何看待"笔杆子"的前途？

之前有读友在"出彩写作"留言："老师，我是一只材料狗，我看了很多文章，都说材料狗基本没前途，上不去也走不了，每天忙得要死。我现在也是这个状态，一个月没歇班，基本每天13个小时。我曾经满怀期待，以为能以文辅政，做国士无双。可现在明白自己什么都不是，只是一个文字搬运工，也没机会接触上头，同级科室也不怎么交流，别的单位更一个不认识。反观业务科室，上下左右都有认识的人。唉！材料狗到底能不能出头？！"

这位读友的困惑、迷茫、焦虑，很多"笔杆子"都曾感同身受。读过一些厚黑类文章后，可能更会加剧这种感受。

愚拙的建议是，无论将来如何，当下必须积极起来。

"笔杆子"有很多类型,只是写的多少和标准不同。强者应收起委屈,重新定位自己的目标,苦练本领,力争做一域一地最牛的笔杆子。

在任务相对不饱和的间隙,多研究研究你们单位的大材料,多跟单位的老笔杆子请教,有机会多为他们打打下手,顺便学习方法技巧,掌握业务动态。只有变得足够优秀,才可能在机会到来时紧紧抓住。

愚拙熟悉的一个读友,曾在业务部门多年,很长时间因各种原因不受待见,不为人所知。但他一直没有停止积累,坚持苦练基本技能和共性方法论。后来因偶然因素到综合部门后,由于理论方法储备扎实,就把精力放到动态掌握核心业务上情下情内情外情上。平时精心打磨每个稿子,凡出手的稿子都写到自身极致,尽可能做到领导见稿后眼前一亮。他还在各类报刊和新媒体上发表文章,让单位领导和上级部门注意到其存在、努力、进步及奋进状态。写到现在,从无人问津到成为单位主笔,并引起了上级单位的关注。也许只有他自己知道这些年的持续努力和付出。

加油干起来,只有不断努力,达到极致,才有以文辅政鼎新的机会。

三、"笔杆子"要不要圆滑些?

戊戌六君子之一刘光第总结的一段话一针见血:"一切政事皆系苟安目前,敷弄了局……大臣偷安旦夕,持禄养交;小臣斗巧钻营,便私阿上。办事认真者,以为固执不圆通;上书直言者,以为浮躁不镇静。"

我们平时也经常看到一些体制内厚黑学文章,不少也是教人去学"大臣""小臣",教人"圆通"不"固执"、"镇静"不"浮躁"的。对此,愚拙的看法是:这些文章和观点,可以看,但不见得都要照着学;这些为人处世方法,可以悟,但不见得都要照着做。

其实,体制内也罢,体制外也罢,只要政治上足够清醒、工作上足够勤勉、相处上总体融洽、用权上不去谋私、内心上问心无愧,就可以了。活得洒脱些、大方些,不要太累太压抑。

最理想的状态莫过于不忘初心,秉持公心,圆而不滑、透而不拆,对得起内心的良知。

四、如何看待"笔杆子"的苦?

康辉在央视主持人大赛上点评参赛选手时曾说,"任何的职业其实都有苦和乐,就看你怎么看这些苦和乐。而你在这个过程当中,又怎么样把自己经历的那些苦,转化成我的收获,我的满足,我的快乐"。这对于我们正确看待"笔杆子"的苦很有启发。

在机关,每个岗位的工作,或多或少都需要写材料,几乎都需要用笔去梳理、去提炼、去概括、去沉淀。任何一项工作的制度化、流程化,都离不开各式各样的材料。

前段时间,网上有篇题名《没有一件工作不辛苦》的文章特别火。同样,没有一个写材料的人不辛苦。关于写材料如何如何苦的文章,太多太多。

愚拙还是想从积极乐观的一面来看待这种苦。

愚拙的看法是:写到极致,本即辛苦;写出卓越,就应辛苦。只有写得足够辛苦,才能写得极致卓越。

每一个翔实周密的好材料,背后都离不开平时极致的自律、战前极致的焦虑及战时极致的紧张。写出一个人人点赞的好材料,更需要花精力、花时间、花心血。

那么,如康辉所问,我们应如何把文稿起草的苦,转化成自己

的收获、满足和快乐呢？

要将写材料作为辅政鼎新的重要方式。现在说写材料苦的人，至少基本还在写材料，基本还是热血青年，至少还有"指点江山、激情文字"的情怀和抱负。只不过当年的梦想，可能被成山的案牍和无尽的材料所埋没。越是劳形时，越是修心处。积极的认知和做法应该是：要想他日有机会以文辅政鼎新，现在就要练笔功，练到没有不会写的文体，练到没有写不出的文章。出手就是精品，出手就要兜尽上情下情内情外情，就要研清讲者、听者、看者，就要搞准背景、时节。以积极阳光心态，去除浮躁功利情绪，持续下笨功，苦练老笔头，件件出精品，如此才能赢得领导信任、同事信服，才有辅政鼎新的机会。

要将写材料作为成长进步的必备技能。每个干部成长进步的原因不尽相同，但都离不开个人去努力、组织搭平台和机会来敲门。不要太过执拗于不写材料的同志照样可以提拔。他们的特长，或许咱们还看不到；他们的付出，或许咱们根本付不起。唯一能把握的只有自己。只有自己真正强大了，一切才能水到渠成。看看周围，真正能够将材料写到极致，写到领导一致满意，写到同事一致认可的，基本都能够得到不同程度的成长进步，只是或早或晚，或大或小。以积极阳光心态，去除怀才不遇情绪，持续练本领，写到单位头号笔杆子，写到圈内知名笔杆子，写到上级单位想挖、外面单位惦记，成长进步就是水到渠成的事了。

写着写着，当我们的文字，逐渐转化成实现梦想的重要工具时，收获的满足和快乐也会日益增多。写材料，不仅仅是任务、苦差事，还有热爱、纯粹和满足。

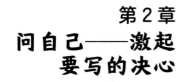

第2章
问自己——激起要写的决心

能否写好材料,与天赋无关,与专业无关,与能力无关。只要你葆有渴望成功、追求卓越、坚持不懈、争强好胜、愿意吃苦的内在驱动力,舍得花时间学习、花精力琢磨,就能炼成笔杆子!

第1节 舍得花精力,都能写得好!

写材料,不像搞门槛极高的高科技,只要舍得花精力琢磨、下苦功储备,保持绝对专注度,都能炼成笔杆子。

一、写材料与天赋、专业有无关系?

能否写好材料,与天赋没有绝对关系,与肚子里有没有货、有没有文采没有绝对关系。一般而言,只要能够分清主谓宾定状补,只要能够找准句子主干、划分长句成分,只要不是病句连篇、一逗到底,写材料就完全够用了。

能否写好材料,与专业也没有绝对关系。有的学工科的人,材料写得非常棒。有的学中文的人,材料还没有完全得到认可。

愚拙是学体育的,刚开始写材料时蠢得要命,但丝毫没影响信心。健康的身体底子、顽强的意志和不服输的狠劲,一直支撑自己不断奋进,逐渐能够独当一面。

其实，在机关里写材料，不是在学堂里闷头写作文。即便是写作文，如果没有对生活的深度体验和思考，也难以写得足够优秀。

写材料，不是内在文采的流淌，不是无端想法的外化。**材料应是聚焦实际问题、广泛占有素材、深度工作实践、全面兜清上情下情内情外情后进行辅政鼎新的工具。**

从这个角度讲，材料不是写出来的，而是广泛调度调研、深度实践思考的产物。

二、从"怕写"到"怕不写"

愚拙刚从学校走进机关业务处室时，很长一段时间主要是跑跑颠颠，没多少材料可写。过了一段时间，被领导关注到后，就经常被拉去敲键盘，深夜推稿子。刚开始感觉挺新鲜的，时间长了，或许厌倦了无尽的熬夜，或许兴趣还不够浓、能力还不够强，就特别"怕写"。这时候，虽然内心里"怕写"，但由于长期跟着领导推稿子，也逐渐熟悉了各类稿子特别是讲话稿、汇报稿的基本特点，培养了基本的公文语感。

几年后，愚拙从机关业务处室调到了机关办公室，负责文字综合工作。来到这个岗位，心里充满了敬畏、压力、动力，开始有了那么一点"不怕写"的意思。前一年半的时间，主要拟写工作要点、工作目标责任制、工作推进方案、工作总结等基础类文稿，得以在较短时间内熟悉了各方面业务。感觉成长最快的是 2017 年，那时候开始逐渐承担主要领导的讲话材料。领导曾是组工干部，其材料特点是思维灵活、视野开阔、语言精练、引经据典，且每季度要开一次全省调度会。这对我们材料组既是巨大挑战，又是难得机遇。为了打好提前量，我不断扩大有效阅读量，不断扩展和固化信息渠道。在服务领导的过程中，我的阅读量像滚雪球一样迅速增大，拟写急难险重综合材料的能力不断提升。

那时候,我经常思考:一个优秀的写手,应该能迅速适应和服务不同的领导。于是,我的阅读范围及内容,除了根据领导个人特点适当调整外,更多是适应不同领导共性思维特点。随着能力的提高和领导的信任,我承担的任务更多了,工作节奏更快了。比如,以前三天一个大材料,现在变成一天三个,忙起来甚至没有主动学习、主动阅读的时间。但,一波大材料出手后,在狂补未读报刊和文件时,竟然有种"怕不写"的心理,怕一旦不写,火热的手感会冷却下来。

那么,如何尽快从"怕写"到"怕不写"呢?结合自身经历,同大家作以分享。

1. 端正对"写"的认识

态度决定一切!前面说过,在牛到一定程度前,全是态度问题。

每个人都想成长进步,而能"写"是成长进步的捷径。也许有人会说,能写的不如搞关系的。

但愚拙要说,能"写"也是分层次的。要写就写到领导绝对放心,就写到单位人人尽知,就写到别人写不出的材料你能写,就写到别人能写的材料你写得更好!

现实中,也有人或许因种种原因偏佛系,无欲无求,畏写、愁写、躲写、推写。

但愚拙相信,大多数人心里还有梦想,还想有所作为。那干就完了,"写"就完了!不必从众,不必畏难,和愚拙一同以文辅政鼎新!

没有基础,可以在任务中慢慢夯实;没有技法,可以在实战中慢慢培养。

渴望成功、追求卓越、坚持不懈、争强好胜、愿意吃苦的内在驱动力是最难得的。

只要你愿意8小时内保持绝对专注度，并拿出足够多的业余时间，愿意花宝贵精力琢磨，甚至吃饭走路时都乐此不疲地思考，就离心中目标不远了。

2.要练好苦功

材料这东西，不像搞原子弹那样需要很高的门槛，不像打职业篮球那样需要一定的天赋，只要你足够努力，足够专注，舍得花精力，舍得花时间，肯定能够练出来。

平时的海量阅读和思考深度，直接决定了战时稿子的广度、深度和厚度。

有活时要努力干活，无活时要及时练功，练积累功，练复盘功。

要把功夫下在平时，把任务散到闲时，争取做到闲时不闲沉淀储备、忙时不忙有粮不慌。

具体，可以在深度研究事、人、体、景上练好苦功，多搜集各方面材料，多掌握各方面情况，多琢磨共性的方法技巧，大集成地建构起自身写作体系，不断锤炼能时刻担当起单位大材料的能力。

3.要有极端苛刻的工作标准

材料无大小，要利用好每次练兵的机会。

对待任何一个材料，都要多些敬畏，都要写出自己最大的能力、最诚恳的态度。

在体制内，有很多朋友可能会抱怨，能力越大，写得越多。可从愚拙和不同层级单位的很多笔杆子交流看，写到一定程度，特别是进入领导视野之后，写得就更"垂直"了，就能够从一些事务性工作和中小材料中解脱出来了。

要树立严苛的标准，杜绝简单粗暴地抄来抄去，必须吃透上情下情内情外情，必须把进展兜全、把问题搞透、把对策写细，必须求新、求全、求实，根据具体需要，写出或者大而全或者小而美的精品。

愿我们都能够从"怕写"，到"怕不写"，再到"不怕写"。

第 2 节　愿意"熬"，都能成为笔杆子！

如果要用一个字概括笔杆子的修炼法则，那就是"熬"字。敢于熬时间、熬精力、熬心血，通常就离成功不远了。

一、"笔杆子"的性格特质是怎样的？

笔杆子，从性格上看，自然是千差万别的。

但写到一定程度，也会有一些共性特质，即耐熬、耐抻、耐绷。反过来，体制内，耐熬、耐抻、耐绷的人，通常运气不会太差。

1. 在体制内高标准工作，要耐熬

"熬"主要是熬材料，熬谋划。

材料有大有小，占有掌握情况有多有少，文种体例各不相同，写作用途也不一样。

但有一点是一样的，但凡大家评价一致的好材料，通常是把事儿研究得透透的，把人研究得透透的，把体例研究得透透的，把背景、场景研究得透透的。

要把事、人、体、景研究透，尤其是时间急任务重时，不下一番苦功是不行的，不点灯熬油是不行的，不花精力心血不牺牲奉献是不行的。在极度疲惫时，还得不断提神。

并且，最终的材料要确保大体谋划对路、逻辑思维清晰、字句标点准确。

做到这些，离了"熬"字哪能成？

2. 在体制内想当全面手，要耐抻

业务全面的人，进步的空间通常大。

要想全面练就办文办会办事等各方面能力，就要敢于并善于"抻"。

说得通俗点，就是同一时间段内，从能力上、心理承受力上、摆布上，如果普通人只能干一两项工作，那么，能"抻"的人可以干到七八件，并能够迅速适应陌生工作。

敢抻、能抻、善抻的人，通常具有极强的学习意愿，向上的精神面貌，充沛的体力精力，能够舍得挑战舒适区域，像《士兵突击》中的许三多那样，不受周边影响，干净、简单、单纯、朴实，追求卓越、积极向上。

3. 在体制内想追求高境界，要耐绷

在处理紧急事务、服务领导和群众时，神经要持续紧绷、做到耐绷。

要耐绷或者是少绷，就要做到事前做功课拟方案、事中抓落实盯细节、事后多盘点问差距。

随着实践经验的累积，能力悟性的提升，成功体验的增多，耐绷度也会大大提高。

做到耐熬、耐抻、耐绷，是需要大量思想淬炼、政治历练、实践锻炼、专业训练、心智磨炼的。只有在日常工作和生活中敢于有意识磨炼，假以时日，才能成长成才，成为一个地区、一个单位辅政鼎新的大笔杆。

二、"笔杆子"应如何加强自我修养？

写材料如同做人做事，谦卑处之、敬畏待之、耐心对之，就可能写出一番境界，成就一番事业。

对写材料要永葆一颗谦卑心。永远不要将写和干对立起来、割裂开来。只写不干是形式主义，只干不写是事务主义。因此，写的要多干，干的也要多写。写的过程中，始终将其作为研究工作、谋划工作、提炼工作、推动工作、落实工作的一种工具，将其作为服务讲者、干者、听者、读者的一种工具。离开了"事"和"人"，脱离了工作对象和服务对象，材料将没有任何意义。

对写材料要永葆一颗敬畏心。从某种程度上讲，材料起着反映工作谋划深度、思考厚度、实践广度、工作细度、落点实度的作用。想得不深，干得不实，自然也写不出东西。反之，想得深、干得实，无论是阳春白雪，还是下里巴人，都能写出彩来。

对写材料要永葆一颗耐烦心。爬格子不止累在战时，承担急难险重稿件时，要通宵达旦甚至几个昼夜，体力脑力精力严重匮乏，还累在平时，海量阅读和深度思考都需要花精力，这直接决定了战时稿子的广度、深度和厚度。

要想成就一番事业，写出一定水平，可不就是要舍得花精力吗？舍得花精力，就是要敢于耐烦，尤其是敢于做好平时的耐烦，既要舍得花时间、花精力及时盘点沉淀战时的经验教训，又要舍得花时间、花精力主动打好一个个提前量。

要舍得在海量泛读的基础上，挑出与自身当前工作及目标意向工作相关的好文章进行庖丁解牛式精读，读文章立意，读谋篇布局，读语言运用，读业务经验。实战水平决定了精读水平，精读水平也体现了实战水平。初入行的新手，不妨多看看前辈们的解析版，再

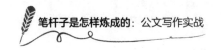

结合自身需要，逐步确定自身精读的侧重点。充分经过实战磨炼的老手，可以加快精读速度，根据当前工作所需所思，像寻求猎物式地快读。但也要及时把好东西储存下来固化下来，莫待用时方恨没存没记。

在敢于耐烦的同时，也要做到善于节制。爬格子是份苦差事，多少爬格子的同志，爬白了头发，憔悴了面容，透支了精神，有的甚至过劳成疾、倒在岗位上。

善于节制，还要加强锻炼。全国政协主席汪洋曾有段精辟的论述："能否锻炼，不是因为工作问题，或时间问题，而是习惯问题。有的同志讲老是要加班，但不加班的时候总是可以锻炼的。有的同志不加班的时候就想睡觉，看电视。所以，关键是要改变自己不好的习惯，合理安排自己的生活节奏，这样就有锻炼的时间。"

让我们耐烦且节制，像做人做事那样去写材料，写出一番境界，干出一番成就！

三、如何锤炼写好材料的意志？

其实，写材料和足球赛等体育运动是一样的。

1. 态度决定一切

最开始看到这句话，是在体育圈。

十七八年前，《体坛周报》上刊登了时任国足主教练米卢的这句至理名言。当时感觉还是挺抽象的，似懂非懂，懵懵懂懂。

随着阅历增多，对这句话的认识逐渐加深。

就公文写作而言，这也是至理名言！

体制内，一些同志不愿写、不能写、不敢写，并归因于没有天赋、没有悟性、没有能力。

更有甚者，自己分内工作也不愿去通过文字谋划、设计、推进、总结、提炼。

前面我们也讲到过：哪有那么多"能力问题"，在你能力达到一定程度之前，全是"态度问题"。

应将写稿子作为干工作的一种应有方式、一种必备技能，坚持所负责工作谋划、设计、推进、落实、写稿一体化。

2. 自律是卓越的基础

C罗，三十四五岁，在本该职业生涯末期、油腻中年大叔的年纪，仍然保持着世界顶尖水平的状态，体检报告上甚至显示是20岁的体格。这源于其不断的苦练和严苛的自律，据说他每天做3000个仰卧起坐，有时会训练到凌晨3点。

要想写好材料，何尝不是一样的道理呢？

没有起草任务时，要做好素材搜集整理、情况动态跟进、信息海量吸纳、技法反复揣摩等基本功，深度地研究事、人、体、景，打好提前量。

来了起草任务时，要把精力迅速调动集中起来，迅速领会意图，把所有相关资料拢起来、看进去，根据情况调度调研，在最短时间内占有最大信息量，形成自己能力范围内最好的材料。

任务后，要及时复盘，留住可能一瞬即逝的感悟和体会。完成这一切，不仅要占满事务性工作之间的间隙，还要花费8小时之外的时间。

好的材料，卓越的写手，除了自律，别无其他。

3. 配合是取胜的关键

赛季之初，我们会发现，一些传统强队迟迟难以进入状态，有的球队败给了身价远远低于自己的球队。这可能是换血太多、磨合不够，搭配尚待调试，配合有待熟练。

写材料也不应是一个人闷在办公室里生憋，而要积极寻求"配合"，向同事请教，向群众请教，多方获取信息，多方了解情况，如此才能写出优质的材料。

笔杆子更像是球场上的"中场"，前后左右都应积极寻求配合，写材料时把情况摸透、把关系处和谐，写材料后多交流体会，互相补位、互相提升，打好下一场"比赛"。

4. 战斗意志直接决定质量

赛季初期，各队战斗意志坚定，加之新队伍磨合需要时日，比赛胜负充满悬念，场面非常好看。到赛季后段，待欧冠、联盟杯席位基本确定和降级球队基本产生时，球队就会陷于无欲无求状态，比赛质量就会下降很多。

写材料又何尝不是如此呢？

战斗意志坚定时，即便写不出一稿就能通过的材料，也能把基本情况兜全、摸透，形成优质的素材，下步无论谁去修改都会很快搞定。

战斗意志不足时，随便从网上下一篇，改改单位和姓名就报了；随便把去年写过的，拿过来改改时间就报了……

解决战斗意志问题，就应该多问问自己的初心使命是什么，多思考材料的本质是什么，多深刻检视自己的问题和原因是什么。是不是现在逐渐变成当年自己最讨厌的那种人了？

愿体制内的各位同志，都忆起初心使命，认清材料本质，真正解决不想写、不敢写、不能写的问题。

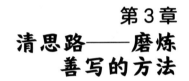

第3章
清思路——磨炼善写的方法

材料贵在"短实新",切忌"长空假"。"短",主要侧重篇幅,相对好操作。而"实"和"新"需要下一番功夫。"实",主要是强调求真务实;"新",主要是强调辅政鼎新;"实"与"新"是相辅相成的,都需要深入研究工作、广泛调查研究。要想高标准做到"短实新",就需要掌握善写的方法:一要力求写得实,将工作研究到极致;二要力求写得快,先完成再完美,兼顾好质量和效率;三要力求写得好,做个能谋善干、辅政鼎新的战略型写手。

第1节 关于写得实

曾有读友询问愚拙:"我在一个自收自支的事业单位,单位工作业务性比较强。我主要负责写综合性材料和单位一把手的一些讲话致辞。但本人没有业务背景,没有对工作的通透认识,写出来的东西总是缺乏灵魂,显得大而空,为了写而写。请问,这种情况怎么改善呢?"

不知道大家是否遇到过同样的困惑,反正愚拙是遇到过。其实,能正视自身的短板,就已成功了一大半。这位读友碰到的问题,是很多文字工作者的通病,总体建议是要把功夫下到平时。

如何进行改善呢?如何把业务工作写实呢?下面是愚拙的一些体会。

1. 平时要深入研究业务，特别是领导高度重视的业务

一个好的综合人员，应是半个业务能手，而不是光会简单地概括归纳材料。建议以领导关注的工作为切入点，平时多向业务科室骨干请教，多看一些专业性强、理论性强的报纸杂志，多看具体业务方面的政策文件及综合性文稿，全面搞清上情、下情、内情、外情。

2. 平时要动态跟进重要业务相关进展

要保持对重要业务进展的敏感性，多跟负责审核稿件同志、收文办文同志沟通，及时把阶段性重要文稿、会议材料搞到手，动态了解其相关进展情况。多跟负责督查的同志沟通，看工作的具体进展情况，及时梳理成效、发现问题、研究对策。如有必要，再同相关科室负责同志进行深入了解。并研究领导对于这些工作的批示指示，及时把握领导的关注点、兴奋点变化情况，时刻站在以文叙事、辅政、鼎新的视角，主动思考工作。

3. 接到任务时，更要抓好即时调度调研

接到工作任务时，要事无巨细地把所有储备集中兜在一起看一看，把最新情况通过电话问一问，把重要工作通过座谈摸一摸，以确保梳理成效、问题阐述、形势分析和对策制定的全面性。通常，在拟写重要材料之前，应集中看数百份材料、打百十个电话、跑几十个单位。

第2节 关于写得快

对于一个初写材料的新手，或初到陌生岗位的新手而言，接到重要的"大材料"任务，如何才能写得快一些呢？如何快速成为一个单位的笔杆子呢？本节将重点作以回答。

一、初写者应如何拟写"大材料"?

1. 直接在本单位以往成熟稿子上"套改"是一条捷径

这个技巧适用于本单位业务性工作材料的起草。

业务性工作的推进有一定的历史惯性。接到业务进展类文稿起草任务时,要赶紧向以前写过类似材料的老前辈求援,拿到近几年的材料,特别是各级领导高度认可的最终定稿。研究这些成熟稿子:哪部分依然能够用,哪部分有了新进展、新情况、新思考,结合这次任务的实际需要,应着重体现出哪些相同与不同。

把情况兜全、把思路想明白并得到领导初步认可后,直接在上面套改。套改过程中,要把相关稿子搜集齐全,做到集大成、有新思。

2. 要学会"抄"

"天下文章一大抄,就看会抄不会抄。"要形神兼顾"抄",上下结合"抄",新旧对照"抄","抄"多不"抄"少,"抄"外拓思维,"抄"内遵惯性,"学""抄"相融合。具体方法,可参看中篇(实战篇)第8章"敲键子"第1节中的""抄"材料的六条法则"。

说是"抄",实际上是广泛占有资料、深度研究业务,掰开揉碎抄,结合实际写,求真务实干!如此"抄",才是正道!

3. 打好提前量,根据工作实际需要,做好模板储备

一方面,要储备好体例上的模板,熟练掌握15种常用文种体例。有时候,向不同部门报送的稿件亦有其特定要求,要不定期把最近一次通过的定稿储存下来,作为下次拟相关稿子的体例遵循。

另一方面,要储备好内容模板。

一是平时注意搜集资料,并把搜集到的资料及时修改为自己可

能使用的口吻和语句。

二是保存不同的版本,以便根据实际情况随时调用。

三是每周模拟准备材料,不管用不用,把各类材料都整理一遍备存。

四是善于分门别类,根据工作性质和需要对材料进行分级管理,打包分存。

有了如此精细的准备,当领导临时安排材料时,只要根据需要把平时搜集和准备的材料剪切粘贴就行了。需要做的,只是把头尾和过渡句简单作以修改就可以交稿了。

关于模板的建立,具体可参看中篇(实战篇)第5章"磨刀子"第5节《建立几个文稿模板》一文。

4. 功夫下在平时

把功夫下在平时,把任务散到闲时,争取做到闲时不闲沉淀储备、忙时不忙有粮不慌。俗话说,重要的事情说3遍。这句话在本书中反复强调了恐怕不止3次。其重要性再怎么重复和强调都不为过。关于如何将功夫下在平时,在第5章"磨刀子"中将详细展开介绍,这里进行简要概括。

一是立足大局工作和领导关切,广泛搜集、调度和研习上情、下情、内情、外情,动态掌握上面的政策资讯、下面的一线实践、内部的具体进展、外部的经验做法,学习思想理论,学习共性方法,学习语句表达,做好组织和领导的眼睛和外脑。

二是对一些例行的文稿,不要被动等上面通知,要主动及早谋划设计、及早调度调研,全面弄清情况,科学研判形势,科学研究举措。

三是随时关注工作动向,及时搜集整理有关进展情况,形成一个进展模板,隔一两周就主动更新一次,在推动工作的同时,也能随时应对各种"遭遇战"。

四是建好电子文档库，及时捕捉好材料、好素材，精读泛读后及时分类备存，养成分类储存研究前沿理论、动态资讯、典型经验的习惯。

五是建好材料柜，或者按业务，或者按上下内外，或者两者兼容地存放有价值的重要文件资料、会议材料、讲话材料等。

如此，既能着眼当前紧急任务，又能兼顾长远综合实力培养。假以时日，就会很快由新手变老手，练就驾驭紧急性、复杂性大材料的能力。

二、如何成为单位头号"笔杆子"？

文无第一，武无第二。这里愚拙同大家探讨的头号笔杆子不见得就是第一笔杆子，但最起码是单位里能够排得上名、叫得上号的第一序列笔杆子！如何能够成为单位头号笔杆子呢？

除了有想成为单位头号笔杆子的强烈内驱力，并愿为之付出时间、精力和心血之外，还得做到以下两点。

1. 树立标杆

找出单位里3位左右公认的笔杆子，反复研究他们的经验做法、材料特点，找出自己努力的方向。

或者直接、间接向其请教，或者在工作生活中观察，或者听其身边同志和熟悉他们的同事聊，或者揣摩研究其起草的材料。

研究为什么他们的材料广受认可，研究他们起草材料时是一个什么样的流程习惯，研究他们平时都看哪些书籍、报刊、资料，研究他们平时都是如何占有资料、储备资料的，研究他们平时都是如何研究前沿理论和具体业务工作的，研究他们起草的不同类型材料都有哪些特点。

除了学单位里笔杆子的经验方法,可以将对标的对象范围进一步扩大。比如当地两办公认的笔杆子,本系统公认的笔杆子,全国各地公认的笔杆子……

现在的网络技术非常发达,多搜集笔杆子们的材料,多琢磨其共性的方法技巧,多运用到自身写作实践中,甚至大集成地建构起自身写作体系,就离单位头号笔杆子不远了。

2. 深入研究

第1章第1节"文稿起草的本质是什么?"中,曾讲过"四个深度研究",这里不再赘述。总之,要深度研究单位主要领导、分管领导高度关注的那些业务工作,综合运用各种研究方法,深度研究重点工作的上情、下情、内情、外情。如此,才有机会通过拟写的文稿尽早进入领导视野,站在更大的平台上为领导参谋辅政。

三、如何向身边"笔杆子"请教?

1. 只要你有心,单位处处有"老师"

要善于发现身边每个同志的闪光点,把每个人最强的部分学到手。

比如,有的是单位里公认的材料大咖,有的擅长写政务信息,有的擅长写讲话材料,都可以去问经验、学招法。

另外,也可以主动拿着自己的稿子,让他们去提提意见。

2. 向别人请教时,要主动谦卑

不要等着老师自己走上门"手把手"来教,要主动去找老师,去"拉他的手"。

平常有疑惑、有堵点时，要敢于厚着脸皮去向身边高手求教。

寻求指导的时候，语气要谦卑温和，适当说一些恭维的话，多说些对方爱听的话。

比如，有重要稿件任务时，起草前可以分别找些高手，搞搞头脑风暴，帮忙研究研究立意布局，帮忙查查电脑，提供些支撑素材。写完后，可以让他们帮忙把把关，提提修改意见。

有的大咖，级别比我们高出很多，似乎没有机会与之对话，怎么办？

要善于抓住偶遇机会，主动交流，拉近距离！

如果在楼道或电梯遇到了，不要拘束，不要冷场，要主动向其打招呼。

如果就你们两个人，要多说恭维、仰慕的话，或者围绕其曾主笔的稿件，或者围绕别人对其文字的评价。态度要诚恳，语言要真挚。

实际上，如果你真的热爱文字，并且对单位的情况非常熟悉，我相信那种诚恳和真挚肯定是发自内心的。

前辈们也会欣慰有这样的后辈写手、后辈知音。等距离拉近后，遇到合适的机会，就可以大胆向其请教学习了。

3. 向别人请教时，要有眼力见儿

那些大咖通常会很忙。当他们遇到急难险重材料任务时，通常一整天都愁眉紧锁，不问世事，紧盯屏幕。这个时候就不要打扰他们了。

等他们闲下来再去问，比如一个大稿子结束时，比如一个阶段工作告一段落时。趁这个时候见缝插针去磨去问，或许他一高兴还能分享几个绝招，讲讲近期的心得体会。

4. 向别人请教前，要做足功课

提问题的水平，也能体现出一个人当前的水平和修养。

要认真设计好要提的问题，避免问一些低级问题，避免临时起意问，避免不必要的尬聊。

比如，自己看书、看帖、看网文就能解决的公文写作 abc 问题，就不要浪费别人时间了。

请教提问的最佳状况就是问其所长、问己所需。

具体问的时候，或者结合其最近起草的材料，或者结合其近期承担的重要任务，努力寻找自身想问和对方擅长的结合点，让对方能够打开话匣子。

5. 最重要的还是自己要花精力研究、下苦功历练

现实中，很多朋友总想着听几段视频，参加几次培训，同高手对几次话，自己写材料的悟性就突然开挂了。

多向高手求教，的确可以少走很多弯路。

但求教后，最终实践的还是自己，那些写材料必须要下的功夫，仍然是省不掉的，甚至下得还要更多。

高手们好的心得、好的体会，不是让人去更轻松，而是让人学会更自律。

远离舒适区，下苦功去海量泛读、分类精读、有效练习，才能写得越来越好。

第3节 关于写得好

一、如何做能谋善干的写手？

不要满足于做为文而文的任务式、事务式写手，而要敢于担当，立志做以文辅政、以文鼎新的参谋型、智慧型写手！

1. 舍得花精力

2019年3月1日，习近平总书记在2019年春季学期中央党校（国家行政学院）中青年干部培训班开班式上谈到学习理论时，强调"要舍得花精力，全面系统学，及时跟进学，深入思考学，联系实际学"。

五句话中，"舍得花精力"是前提、是关键、是根本。

舍得花精力，就是要暂搁种种诱惑，舍得拿出时间，能够端正态度，做到心无旁骛，真正动脑走心。

只要下决心放下手机，离开酒桌，关上电视，忙里偷闲，走进图书馆、书房或任何安静处，或者捧起书本，或者铺开报纸，或者点开网页，就离能谋善干笔杆子的距离近了一大步。

2. 提升阅读质效

信息时代，处处是信息，处处是"地图"，处处有宝贝。提升阅读的质效，就是要四处寻媒介，动态兜全情况；精心深阅读，广泛储备素材；分类萃与合，随时揣摩备用；沙场秋点兵，实战靶向储。具体内容将在第5章"磨刀子"中展开。

比如，如果平时能够在"外情"方面多些搜集阅读，那么在参谋辅政的广度上就会更加得心应手。视野宽，则思路宽、思维活。在省级单位工作，各省的党代会、政府工作报告等综合性材料，均应主动收集研习；在市县乡单位工作，全国排名前30市县乡、全国资源禀赋相近市县乡、地域相近市县乡的综合性材料，均应主动收集研习。研习中，重点参阅亮点思维、共性方法及可复制、可借鉴的措施办法。如此，才能谋到点子上，谋到关键处。

平时的储备，决定了我们的底蕴，平时将剑刃磨利了，战时才会有能力亮剑、有底气亮剑。

3. 多到一线实践

在一线能捕捉到最鲜活生动的实际情况，能用具体的画面贯穿起抽象的上情、下情、内情、外情。只有把抽象、冰冷的文字和具体、生动的实践关联起来，所拟写的文稿才能接地气、有生命。

其实，负责文字综合的同志是鲜有机会离开办公室的。那就不妨多走出办公室，到业务处室科室中走一走，问一问他们到基层调研了解到的具体情况，看一看他们带回来的一手资料，顺便学一学他们的具体业务，这毕竟也是最接近一线实践的战场。

百闻不如一见。如有到外地调研的机会，应提前认真做好设计安排，在完成规定动作的同时，根据参谋辅政的需要提前设置一些自选动作，提前同相关同志约好，虚心求教问题，全面掌握情况，全方位接受实践洗礼。

4. 主动练脑练手

是骡子是马拉出来遛遛。

在围绕岗位职能和具体业务，动态调度掌握上情、下情、内情、外情的过程中，不妨多写写信息稿、通讯稿、政论稿，向单位网站、行业报刊、地方日报投一投。

这既是深度掌握情况、研习业务的过程，又是练脑练手的好方法，更能持续增强成就感和写作信心。

假以时日，既能成为业务上的佼佼者，又能成为单位小有名气的写手。一箭多雕，何乐而不为？！具体攻略，可参看第5章"磨刀子"第5节中的《如何向刊物投稿》一文。

5. 高标准完成每个文稿任务

珍惜领导交办的每次文稿任务，在广度、深度上要搜到极致、看到极致、写到极致。

对一些例行的文稿，不要被动等上面通知，要主动及早谋划设计、及早调度调研，全面弄清情况，科学研判形势，科学研究举措。

具体起草文稿时，要格物致知、竭尽全力，快速调动平时储备的各方面资料，快速调度调研最新情况、最新素材，快速领会领导意图，高标准、高规格、高质量完成任务。

这既是对自身的一种磨炼，又能为组织和领导兜全情况、研好形势、谋实措施，为其科学决策和推动工作提供强有力的支撑，真正达到以文辅政鼎新的效果。

二、疫情防控对写材料有哪些启示？

1. 从领导接受采访时的应答方式，感悟拟写文稿的至高标准

疫情防控中，一些地方领导在不同场合接受采访时的应答方式，给了愚拙很大启发。

有的一问三不知，对谋划工作急需、必需的基本数据做不到及时精准掌握，更何况这些数据体量并不大，调度统计并不复杂，也不需要填很多表，几个电话就能搞定。你我他都可能不同程度地存在这样的问题，我们也不用五十步笑百步。这深刻警示我们：写材料也好，用材料也罢，评价一个材料或者一段工作的基本标准，不在于是否弄得多么工整、圆润，而在于是否聚焦实际问题、围绕服

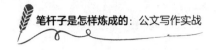

务对象,真正把情况兜明白了。

有的没有照本宣科,而是对着一张表、一个图侃侃而谈,应对自如。台上答卷的风采,离不开台下大量精准具体的工作,离不开领导本人及写材料者的贡献。无稿侃侃而谈的前提是有稿。这个稿,不是为稿而稿,而是有具体的调度、翔实的数据、精准的分析、完美的呈现。这也深刻启发我们:写材料并不是闭门造车地码字,写材料也好,用材料也罢,我们既要有材料,更要敢于扔掉材料,不管有无材料,关键是认识和解决问题。

有的念一是二是三是四是,有的直接一段话。前者不见得比后者多么有逻辑、多么有章法。对情况是否深度掌握,对问题是否深刻思考,对举措是否深入研究,一张嘴、一对比就可以看出来。这也深刻启发我们:写材料,内容远胜形式,写材料也好,用材料也罢,内容上的深度远远胜过表面的一二三四花架子。

材料的至高标准本就是没有所谓材料。我们应追求的,不在于材料本身,而是对事和人深度研究后的思路举措。而这种深度研究和思路举措并不见得就是我们写出的材料。

因此,我们应崇尚的是这种深度研究的态度和做法,而不是为写而写、刻意罗列一二三四。

写材料、用材料的最大价值不在于材料本身,而是基于对情况掌握后的谋划,不是做材料的批发者、宣读者,而是做一个能兜清情况、提出务实举措的顶级谋士和实干家。

2. 从一篇信息稿感悟干工作、写材料如何迅速打开局面

一篇信息稿中的一段话给了愚拙深刻启迪:"从扫黑除恶战场转向'扫毒除疫'战场,来武汉4天,夜以继日连续作战,边调研、边熟悉、边思考、边研究,'恶补'疫情防控情况和相关知识,想

尽快成为一名深度的'知情人'和推进这项工作的行家里手。"

这段话特别是"恶补"一词，揭秘了中央指导组干工作、拟文稿的方法，也同愚拙的四个深度研究高度契合。

干工作，写材料，能否快速打开局面、扭住关键，一方面取决于长时间艰苦细致的学习、思考、储备、积淀，也就是把"恶补"放在平时；另一方面也取决于战时的"深度""恶补"。

要想成为综合领域的笔杆子，至少应是半个业务通，或者具备短时间搞清搞懂业务的学习能力、专业素养。

很多同志急难险重工作顶不上去，材料写不出来，说到底就是不舍得花精力"恶补"。

突然接到重要工作或材料，如何进行"恶补"，才能让工作出彩？

开头那段话本身就是方法论。

"恶补"的方法是"边调研、边熟悉、边思考、边研究"。正所谓没有调查就没有发言权，好的方法不会凭空产生，而是源自艰苦卓绝的调研和思考。

"恶补"的关键是"深度"。不能浮在面上，要深入进去，很多事情往往是一深入就具体。

"恶补"的目标是当"知情人"和"行家里手"。稍微遇到点儿急难险重的任务，就以不懂为由推脱，永远成不了大器。要想把工作干到极致，把文稿写到极致，就需要成为行家里手，至少是半个业务通。

刀在石上磨，人在事中练。突如其来的疫情，其实也是笔杆子们一次难得的磨砺本事、提升能力的契机。除了完成本职任务外，不妨设想，假如自己是某一级领导，面对这些状况，应该怎样迅速打开工作局面？从拟写材料的角度，我们也应该动态关注各级各方面部署要求、经验做法，结合单位实际和本职工作，第一时间掌握各方面情况，第一时间研究对策举措，打好各种提前量。

要想保持输出端持续稳定，保持一个高水平写作状态，就需要持续稳定地输入，动态掌握各方面情况。尤其是这段时间，动态情况太多，需要输入的会议材料、讲话材料、信息材料非常多，都需要深阅读、深思考，对人的体力和精力考验是极大的。但没有这些做支撑，肯定写不出高质量的文稿，工作也很难干在点儿上，在输出端难以做到稳定高质量。

希望我们愿意并能够"恶补"，将工作干到极致，将文稿写到极致！

第4章
敢于熬——保养能写的身板

写材料是一项高强度的精力＋脑力＋体力劳动。对于一个成熟写手而言，无论是平时的信息吞吐量，还是战时的临时恶补量，都是极大的。加上稀缺性、多面手属性，成熟写手几乎一直处于高强度、超负荷状态。如何做好精力管理，及时释放压力，是一项永恒课题。愚拙的实战经验是："每天一张纸""每天填填表"，"拟订计划""有序推进""及时复盘""做好储备""锻炼缓冲"。

第1节　精力管理

一、如何动态管理好自身精力？

精力管理对于笔杆子来讲是永恒的课题。科学搞好精力管理，事先分配好精力、脑力、体力，分清轻重缓急，劳逸结合地妥善处理好各项工作，既能备足精力集中应对急难险重任务，又能做好平时上情下情内情外情的积累，还能见缝插针处理好日常事务性工作。

同读友分享愚拙平时进行精力管理的一些小方法。概括起来讲，就是两句话、十个字：每天一张纸，每天填填表。

所谓"每天一张纸"，就是每天用一张纸随时动态记录临时性任务，一方面防止因遗忘而差项、落项，一方面缓解焦虑情绪。这张纸要随身携带,或者夹在笔记本里,或者放到口袋里。好处是能够随时管理好自己的时间和任务。"每天一张纸",这张纸应记录些什么内容呢?

一是运行类、事务类任务。比如,发文审核,收文批件(签拟办意见)。这类任务根据轻重缓急程度,或者随来随办,或者集中办理。任务量不可预计,不均衡。这类任务不必记在纸上。

二是领导随时交办、自己随时想到的文稿相关任务。这些任务如不及时记录整理,极可能遗漏。应随时补充在这张纸上,根据轻重缓急适时办理。

三是日常积累相关任务。比如调度调研各方面情况,搜集待泛读精读的各类文件、报刊等信息载体,对过往稿件及方法进行复盘等。这些可记可不记,具体根据自己的精力和需要而定。比如,精力、时间允许且需要沉淀时,就要把相关任务列入日程,并适时办理。

这张纸具体应怎么用呢?

每天到单位雷打不动的第一件事,就是查看自己的动态表(即"每天填填表"中的"表"),结合近期领导交办、时节特点,列出待办事项,按照轻重缓急,排出一二三四,用一张A4纸打印出来。

但工作是动态的,经常不会按照计划来。笔杆子们随时可能接到更多、更急的工作任务。这就需要随时用笔补充在那张纸上。写的时候随意些,放松些,任务可以写,下步思路也可以写。自己的纸自己做主,怎么方便怎么写,怎么有利于记忆怎么写,怎么有利于工作推进怎么写。

所谓"每天填填表",就是及时把那张纸上的东西归档。愚拙的做法是第二天一早进行归档。将归档和当日待办事项(即"每天一张纸")同步开展。

关于这张"表",愚拙使用的工具是金山文档,好处是手机和多部电脑能够互联互查,是一个交互式的备忘录。

实际上,一张纸和一个表是相辅相成的。一方面,纸中所记是表上内容的来源之一;另一方面,表中所填可提醒纸上应记内容。两者相结合,可以动态记录每天干了什么工作,动态复盘还有何待办工作。

需要强调的是,在网络使用环境下,一定要坚持保密原则。

二、如何高效管理好每一天?

1. 拟订计划

在每天早上到单位的路上,梳理当前要干的 N 项工作,并拟订当天的工作计划,思考好具体怎么干,干到什么程度。到单位后,结合"一张纸""一个表",按照轻重缓急,马上将任务"1、2、3"记在新的"一张纸"上,并检查笔记本、备忘录、文件材料,确定有无遗漏。有些工作可能是阶段性工作,那就用括号备注今天要怎么干,干到什么程度。

比如,单位要开重点工作推进会,听取各部门前一阶段工作情况,今天要做的就是通知各部门做好有关准备。那么就可以在括号里这样写:起草通知并下发到位。

2. 有序推进

拟订好当天计划后,按部就班地干就可以了。另外,笔杆子的一天充满了变数,需要不断修订调整原来的计划。有时会有突发紧急性任务,比如领导刚交代的文稿起草任务。有的还承担事务性工作,比如收文批转、发文审核等。有时本来已经很忙了,偏偏等待阅办的文件十几个甚至几十个一块来,找你核稿的同志也排着队在等。这就需要你更加耐心细致，做好时间分配，分清轻重缓急，把握工作节奏。

要摆布好精力。精品意识是很有必要的，但也不见得要件件精品。一般而言，写材料也是讲究"二八法则"的，即拿出80%的精力完成20%的重要工作，用20%的精力完成80%的一般工作。那么，哪些是20%的重要工作呢？愚拙认为可以包括这些：单位班子成员特别是一把手交代的任务，以及他们高度重视的重点工作；自己独立负责的综合性材料；自己独立承担的职能任务相关资料。

要学会借力。比如，需要集中注意力攻克一些急难险重任务时，或者请求领导或者委托其他同志承担一些事务性工作，将精力暂时集中到急难险重任务中。

要及早通知调度。比如，需要调度相关部门、相关同志提供素材时，要及早通知，为其留足准备时间。几个电话就能解决的事项，也花不了太多时间，千万不要以忙为由拖到最后。而且，及早通知也能够保证素材质量。

3. 及时复盘

大的任务结束后，要及时进行复盘。

简单的复盘，是把与任务相关的文件都单独存到一个文件夹，留待以后参考使用。比如，拟写的调度通知，调度参考的单位相关综合材料，搜集汇总的网上背景资料和有关素材，定稿前的1稿、2稿、3稿、4稿……定稿，都打包依序存在一个文件夹里。

深度的复盘，是梳理从受命到完稿的全过程，尤其是文稿起草环节的立意、思维、框架、思路等过程。

要反复思考：本次有哪些收获，有哪些有待优化，对下步材料起草和日常储备有哪些启发。

4. 做好储备

繁重工作之余，每天很有必要挤出时间进行储备，为后续持续高质量输出备足源头活水。

要及时查一查单位的收件发件、会议材料，动态阅读单位有关工作的运行材料、阶段性总结材料，及时掌握上情、下情、内情、外情，这也决定以后文稿起草的深度、厚度、温度。

要及时查一查《人民日报》《求是》杂志、行业期刊，尤其是《人民日报》头版、理论版、评论版以及涉及业务的文章，要作以泛读或精读。

有时候真是忙得脚打后脑勺，确实没时间。那也应在任务完成后，及时补课。因为根据愚拙的体会，假如一两周不拓展阅读，写文章的灵性就会差很多，写出的东西在厚度深度上就会打折扣。

5. 锻炼缓冲

笔杆子们每天工作强度很大，要拿出一定时间锻炼身体，以保持足够的精力和体力。

第 2 节　压力释放

一、应如何自我减压？

负责文字综合的朋友们，时常面临极不规律、极高强度的工作，经常加班加点、废寝忘食，不知早晚、头昏眼花，周末写稿是常态，

通宵写稿也不少,精神始终处于高度紧张状态。

具体应如何自我减压呢?

1. 把功夫摊到平时

这一条在本书中频频出现,因为抓平时确实太关键了。接下来的第 5 章还将详述。这里简要作以提炼。

既要做到忙碌时"身心"沉进去、多琢磨提升,更要注重间歇时"视野"拓出去、多精读积累。要坚信磨刀不误砍柴工,把功夫摊到平时,进行海量阅读,广泛占有资料,做好分类梳理,业务上要主动调度上情、下情、内情、外情,方法论上要及时跟进主流报刊和重要信息载体,时刻用"是什么""为什么""怎么办"的公文核心逻辑研究琢磨业务工作。只有平时把刀磨快了,把米备足了,战时才能砍柴有利刀、下锅有米粮。

2. 少些无谓熬夜

在胸有成竹之前,绝不熬夜奋战。熬夜奋战还不如边睡边酝酿。太过疲惫的时候,要晾一晾稿子,睡好了思维更灵活,效率可能更高。如果必须要熬夜奋战,大战后应申请调休补休,及时补觉。

3. 多些有氧运动

上下班途中,徒步快走三四十分钟,加快步子,加深呼吸,抛开杂念,用心品味一年四季风景细微之变化。

4. 不抽烟不喝酒

抽烟不如做俯卧撑,效果其实差不多,都是通过深呼吸让自己放松下来。写材料是不喝酒的最好理由,要充分利用好。也只有脑子足够清醒,才能更好去参谋辅政。

5. 适时向医院里跑

每年要给自己安排一次体检，查出异常指标时要定期复查。

感觉不舒服时不要硬挺，应及时去医院检查。也可早上空腹到医院抽个血，结合家族病史、自己病历，选几个检查项目。比如，肿瘤标志物检测、心脑血管检测等。

以愚拙为例，自从住过一次医院后，只要感觉不对劲，就去医院抽点血查查肾功能、心肌酶和血尿酸等，对自己身体有个动态的认识和把握。

健康红灯常亮时，要申请换岗。

6. 有个发泄渠道

或者培养点生活爱好，或者找朋友倾诉，或者大吃一顿，及时将不良情绪和压力通过适当方式发泄出来。

7. 适时反映意见

如果是群体性熬夜，可以研究研究是否有空间改进一下工作方式，合适时提出合理化建议。

如果是少数人熬夜，要分清楚是自身效率问题还是快牛慢牛问题。

如果是前者，就要提升自身能力。

如果是后者，可以适时提出优化责任分工、提升团队饱和度的意见。

愚拙的体会是，有时领导交代了一项复杂任务，不要机械理解为是让你一人包打天下，而应理解为是让你牵头把这件事干快干好。这时，你要承担一个参谋的角色，帮助领导一块进行梳理，提出合理化建议意见，利用团队合力共同干好这项工作。

二、如何才能劳逸结合？

1. 根据身体和精神状态决定工作量

状态好时，尽量多干点工作，尤其是急难险重工作。多系统查查各类信息载体，多储备点公文写作素材，多掌握点工作上情下情内情外情。

状态一般时，先干着急的、重要的工作，再干岗位日常性工作，不建议再额外储备素材，可待状态好时集中补课。

状态不好时，尤其是难以支撑时，向领导请假调休，做好工作交接。如果是实在走不开，仅限于干好岗位日常性工作就行，不建议承担急难险重任务，不建议储备素材。

2. 避免发力过猛

要避免发力过猛，避免安排得太满太紧。要为随时可能突发的紧急工作任务留点精力和时间。

以愚拙为例，总是跟自己较劲。特别是在状态不好时，还去扩大阅读量，去高标准工作。这就是典型的发力过猛！

如果此时再遇突发性紧急材料，再熬夜加班，那疾病的多发频发就不足为奇了。

3. 要善于节制

每隔一小时，特别是看累了、写累了的时候，慢慢站立起来，慢慢伸伸懒腰，慢慢甩甩胳膊，慢慢转转脑袋，看看窗外风景。感觉还是没有缓解，试着爬爬楼梯，来几组深蹲，做几个俯卧撑。在整个运动过程中，一直保持深呼吸。

也可以去拖拖地，搞搞卫生，出一身汗，放松疲惫的神经，释放无形的压力。

日常生活中，要经常提醒自己放下手机，离开电视，去慢跑，去游泳，根据自己的身体状况选择合适的运动，循序渐进地增加运动量。

4. 把握"二八法则"

按照轻重缓急和"二八法则"，妥善写好材料、干好工作，尤其是重点材料和重点工作。

原则上领导交办的各项工作，都应如履薄冰、妥善完成。建立一个好的印象需要很长时间，但留下一个坏的印象几秒钟就够了。

材料和事务性工作都符合"二八法则"，大约20%很重要，大约80%一般重要。要学着把80%精力投放到领导关注的地方，投放到磨炼一技之长的地方，也就是那20%很重要的地方。剩下的20%精力，兼顾好其他工作，但也应谨小慎微，别捅出大娄子。

5. 养成健身习惯

没有一个好的身体，最后都是一场空，受罪的还是自己和家人。

具体选择何种健身方式，取决于自身病史、当前状态及对健身方式的熟悉程度。

健身应结合自身体质和训练水平，循序渐进加量，别想一口吃成胖子。

关于健身方式，总体上以长跑和快走等有氧运动为主，如果感觉身体状态不错，可尝试在中后阶段来几组百米冲刺等无氧运动。无氧运动可以促进睾酮素分泌，让人保持足够精力。

6. 保温杯里泡枸杞

坚持饮食均衡，晚餐尽量吃得清淡些、营养些，不吃高油脂高热量食物，避免过劳肥。可以来点鱼虾，来片维生素C，储备优质蛋白质和维生素。

晚上若熬夜加餐，最好吃点粥等流食。

根据身体状况和医生建议，平常多泡点枸杞、黄芪等。

7. 打好工作"提前量"

材料的打磨，关键还是在平时储备，要善于打好工作"提前量"。

要广泛阅读。可以看《人民日报》、当地日报等报刊的电子版，看"学习强国"等政务学习类APP，迅速跳跃式扫标题，感兴趣的就点开看看，不感兴趣的就跳过。和自身业务相关的重点看看，和共性思维方法相关的重点看看，理论版和评论版一些精彩文章重点看看。

精读的时候，一定要记得留痕，或者做笔记，或者专门进行汇总，就像愚拙所编的《机关公文常用词句集锦》，就是精读的产物。牢记一句话：精读不留痕，用时无所依，读了也白读。更多内容，将在本书中篇第5章"磨刀子"中详细展开。

三、关于"熬"的4幅图及打油诗

每个成熟的写手，都会经历"熬"的过程。

熬时间、熬精力、熬心性，如果"熬"得太多，甚至要熬补药。

愚拙觉得，"熬"要讲科学、讲方法，要劳逸结合。

不论从事哪行哪业，都可以从"熬"的过程中，找到我们所需的知识、乐趣、满足和成就。

1. 熬时间

（图：北溟）

一文一篇又一稿，早生华发心不老。美文佳句出咱手，材料可把岁月熬。

2. 熬精力

（图：北溟）

舆情信息不可少，撰文写作用得到。不分昼夜来积累，精力可把材料熬。

3. 熬心性

（图：北溟）

晋级提升有目标，不争不抢做到好。愿有十全十美事，材料能把心性熬！

4. 熬补药

（图：北溟）

加班追着日月跑，精力可用补药调。修身强体无偏爱，补药可把材料熬！

对于写手来说，"熬"是历练，是拥有，是成长，是成熟，是我们在业内不断提升的各种能力和随之而来的话语权。

要想成为行业内的顶尖写手，哪能离开一个"熬"字！

其实不只是写材料，能在一件事上，耐心熬它个三年五年十年，都能成为顶级专家！

中篇

实战篇
——平时出力、战时出彩之法

第5章
磨刀子——"磨刀不误砍柴工"

俗话说,"磨刀不误砍柴工"。材料的深度、广度、厚度,取决于平常阅读、调度、调研、实践及思考的程度。要想写好材料,应舍得花精力、花时间,广泛搜集储备、深度研读业务类、理论类、时政类资料。也只有在平时或战前磨好刀,积累料,在关键时刻才能腾出时间、集中精力搭建框架、添骨加肉、精雕细琢,在最短时间拿出让自己满意、让领导满意的良心材料。具体如何操作?概括起来,重点是把握好五个字:"要""搜""读""合""练"。

第1节 要——多主动调度,动态兜清情况

在第1章探讨文稿起草的本质时,我们讲到"把事搞透是写好材料的基本前提"。把自己单位相关业务工作研究透,把各方面情况兜清楚,是材料能够过关并出彩的前提。具体实战经验在第7章中,其中还将结合如何列提纲进一步展开。这一节,我们就聚焦到如何在平时打好"提前量",主动有效调度、占有、储存好单位重点业务工作各方面情况。

一、平时多调度现成材料

1. 多调度现成的数据统计

俗话说,"司机记路,领导记数"。平时,要结合领导关切和重点工作,主动多渠道了解统计部门、相关部门、相关处(科)室、相关人员都有哪些现成的调度统计项目及统计方法、统计周期,尽量每个周期数据出来后第一时间要到手。

一方面,将其作为主动兜清情况的一个重要渠道。及时研究分析,随时使用,作为文稿的重要支撑。

另一方面,将其作为深度研究工作的一个重要方式。纵横多角度比对,动态掌握变化趋势,主动分析原因,及时发现问题、分析问题,并提出解决问题的意见建议,服务于更高层次的辅政鼎新。

2. 多调度现成的汇报、总结、讲话

不知你是否有过这样的经历:收到要求一天内报送某项工作进展情况的通知后,着急忙慌转发到相关处(科)室进行调度,收上来之后,由于时间紧急,就着急忙慌攥在一起交差了。

坦白讲,这样的临时被动调度和现消化现综合,很难写出高质量的文稿。

究其原因,主要是对工作的主动深入研究不够。

要解决这样的问题,提升打"遭遇战"的能力,就要把功夫下在平时,隔三岔五向相关处(科)室的业务骨干主动询问近期有没有现成的、成形的汇报材料、总结材料、讲话材料,特别是重要会事相关材料。

为什么要强调这些现成的重要会事材料?

一般情况下，会事的规格越高，材料的质量就越好，因为通常经过了层层把关、层层打磨，集中了很多领导和骨干的心血。这样的材料一般数据准确、进展翔实、措施具体，是对阶段性工作的集大成呈现。从中，既可学习业务最新进展，又能学习文稿体例，还能研究领导意图。

因此，要对重要会事保持足够敏感，获得相关会事信息后，第一时间找相关同志要相关材料，以进行研究并作为备用。

同时，要把握一些重要文稿形成的时节性规律，按月、季度、半年或年度，向相关处室业务骨干询问领导要求他们定期起草报送的阶段性材料，以进行研究并作为备用。

只有平时多要些现成的高质量材料，才能避免在遭遇急难险重任务时的被动调度、被动恶补、被动综合，才能赢得时间，把精力放在打磨亮点和辅政鼎新上。

二、正式调度时做好"一调多用"

分享愚拙曾起草过的一个调度通知。

当时，正处于岁尾年关。为了切实减轻处室负担，在起草这个通知时，想做到一调多用，即通过一次调度，一并解决总结、汇报、报告、述职等各类综合材料的素材问题。

因此，在设计通知内容时，既要考虑能否兜得齐全，又要考虑能否兜出新意，既要兜出不同材料共性所需，又要兜出不同材料个性要求。为了兜到更多有价值的素材，在通知中，还正式提到可以报送之前的成形材料。

具体通知如下：

关于调度 2019 年工作总结和 2020 年工作安排的通知

厅机关各处室、各直属单位：

为筹备全省××年度工作会议，现就调度 2019 年工作总结和 2020 年工作安排有关事宜通知如下：

一、2019 年工作总结部分：尽量用数据说话，数据截止到 11 月底。聚焦×××等重点工作，在进行面上梳理的同时，着重突出五个方面的内容：①突出在全国处于第一方队的工作，在全国位次靠前的指标；②突出成效明显的创新做法，尤其是别无我有的一招鲜、土办法等原发性创新做法和能够集大成、成典型的集成性创新做法；③突出为民服务的做法成效；④突出在国家介绍经验，受部、省表彰，被部、省领导批示或点名表扬的工作；⑤突出同去年数据的对比，特别是同比大幅提升的工作。以上"五个突出"，及其他亮点、特色工作，请在文稿中通过加黑、画横线等方式进行标注。

二、2020 年工作安排部分：请在积极对接××部对口司局、梳理借鉴先进省区经验、深度掌握各地实际情况的基础上，简要提出明年的工作安排，突出重要制度政策、重要行动举措、重大项目工程及重要指标，并对形势、缘由等进行简要说明。

三、其他要求：请形成文字材料，于×月×日下班前，将经分管领导审定的材料报送至厅办公室。**若有近期较全面、较成熟的相关汇报稿、总结稿、务虚谋划稿、明年措施稿，请一并提交参阅。**

联系人：×××　电话：×××
邮　箱：×××

厅办公室
2019 年×月×日

最终，收到了较好效果，得到了一些处室单位的充分认可。

另外，材料要来后，要及时阅研，及时做好标记或摘录，以作备用。在阅研中，不仅要立足于完成当前任务，更要着眼于长远储备，及时消化和利用好这些素材。当以后遇到急难险重任务时，只要打电话，问清最新情况和最新数据，就可以根据具体情况从容酝酿、从容整合、从容落笔了。

三、平时固化掌握情况的维度及工具

固化的内容应聚焦上情、下情、内情、外情四个维度。

搞清上情，特别是把各级的重要讲话、批示、指示精神梳理清楚后，可增加文章高度。

搞清下情，特别是充分挖掘基层可复制可传播的亮点做法，研究解决一些存在的共性问题后，可增加文章温度。

搞清内情，特别是把历史沿革、当前现状、下步举措梳理透彻后，可增加文章厚度。

搞清外情，特别是广泛借鉴兄弟地区兄弟单位的经验做法后，可增加文章广度。

固化的形式有很多，具体可根据自身需要、自身惯性选择，但总体上应服务于以上四个维度的内容。

愚拙这几年的做法主要是建立了"两夹一锦"。

一是专业业务文件夹。按年月建立，存放起草的材料、经办的工作以及动态查找的业务类文件、信息。

二是原始文章文件夹。按年月建立，以"阅读日期＋文章名称"命名，存放精读过的共性文章（以《人民日报》为主）。愚拙对自身有个要求，只有真正精读、反复咀嚼过的文章，才能入库。并且要时不时拿出来品味研习，以巩固强化精读成果。比如，在看到某一新文章时，还会把存放的同类主题文章都拿出来再对比阅读，以提高思维的系统性、思考的深入性、学习的集成性。

三是词句思想分类集锦。主要是愚拙分享的《机关公文常用词句集锦》和"出彩写作"公众号不定期更新的机关公文动态集锦。这两个集锦，也是检验自身平时泛读精读成果的一个标尺。无论是专业业务文件夹、原始文章文件夹里的文章，还是日常没有入夹但精读泛读过的文章，必须强迫自己把共性的好东西分门别类用笔记下来。具体分类的标准，就是实战导向。当前实战需要储备哪些资料，就有序整理哪些共性词句，并尽可能做到少而精、成体系。有些共性功能性词句，比如成果小标题、措施小标题、问题表述、开头表述、结尾表述，同样分门别类整理，并存放在动态集锦中，以便拟写时有所遵循而且能够第一时间找得到。

第 2 节　搜——四处寻媒介，广泛储备素材

平时，既要紧盯单位那些重点业务工作，还得立足工作需要、自身成长需要，让内心静下来、身子坐下去、精力投进来，提升格局、拓宽视野、深化阅读，增强理论储备、情况储备、体例储备。

一、平时应如何储备素材？

如何有效进行储备，才能做到任务来时快速找得到、快速选得出、快速用得上呢？

1. 储备的形式和内容，取决于自身的需要

这句话很简单，道理也不难懂。

但现实中，其实很多读友并不太清楚自身需要。

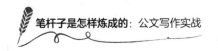

导致的结果是，储备上杂而无形、多而不精，通篇读完的比率低。储备的东西倒不少，但并不清楚究竟储备了什么。

等任务到来时，依旧无从参考、无所适从。迷茫中，好像在哪里看到过某篇文章，似乎能够有所借鉴，但翻来翻去，就是找不到，恨不得把键盘砸了，把资料撕了。

要解决这样的问题，必须搞懂自身需要。只有搞懂自身需要，才能够端正态度、激发潜力，由"要我储备"，变成"我要储备"，再变成"我要有方法、成体系地储备"。

2. 夜深人静时，多问自己将来想干什么

如何搞懂自身需要？

愚拙在实战中体会到八个字：立足根本，实用为先。

所谓"根本"，即长远规划所需。所谓"实用"，即胜任本职所需。

平常该储备什么，从长远根本上讲，取决于对自己的预定位，从实用角度上讲，取决于具体工作的需求。

具体该储备什么，就需要在夜深人静时问自己几个问题：将来想干什么？是当业务上的笔杆子，成为单位最优秀的笔杆子，争做全国理论实践顶尖的笔杆子，还是想练好文字，通过遴选考入上级机关？现在干好工作，完成当前的起草任务，最需要储备什么？自己最应看到的内容，一般可从哪些媒体获取？

3. 有效储备的关键是舍得花精力

要舍得花精力去读，花精力去分类精细储备。

储而不读没有任何意义，泛而不精很难做到系统集成。只有精读过的，才能真正属于自己；只有留过痕的，才能印象深刻；只有实现自我建构，用起来才能得心应手。

现在不缺可读的载体，比如，《人民日报》《求是》《秘书工作》

《党建》《党建研究》等报纸杂志，公文写作类的公众号、头条号，学习强国 APP 等。

缺的是敢于花精力的精神和勇气。

很多读友的惯性做法是，有任务时着急忙慌干活，无任务时优哉游哉放松，没有处理好忙时与闲时的关系。

要想做好有效储备，就要做到冲锋后及时复盘写作流程、总结写作经验，研究下步充电的重点方向；就是要把精读作为一种学习的习惯，任务多时，把任务中接触的好文章作以精读，任务不多时，把收藏的好文章、《人民日报》等报刊作以精读。只有肯持续下笨功夫，才能在关键时刻打硬仗。

二、平时应重点看哪些报刊？

1. 党建工作攻略

如果负责党建工作，建议重点看《人民日报》和《求是》《党建研究》《党建》《学习活页文选》等报刊杂志，以及所在地区党委机关报、机关刊，所在地区党建有关刊物，所属行业报刊。

2. 综合工作攻略

如果负责办公综合工作，建议重点看《人民日报》和《求是》《中共中央办公厅通讯》《秘书工作》等报刊杂志，以及所在地区党委机关报、机关刊，所在地区党建有关刊物，所属行业报刊。

3. 业务工作攻略

如果负责具体业务工作，建议重点看《人民日报》和《求是》杂志，以及所属行业部厅局机关报刊，相应专业学术期刊。

4. 国家相关刊物

（1）《人民日报》

主管单位：中共中央。

一句话推荐：中共中央机关报，中国第一大报，世界十大报纸之一。

（2）《求是》杂志

主办单位：中共中央。

一句话推荐：中共中央机关刊。

（3）《光明日报》

主管单位：中共中央宣传部。

一句话推荐：中共中央机关报，联系广大知识界的桥梁和纽带。

（4）《经济日报》

主管单位：中共中央宣传部。

一句话推荐：传播发布党和国家关于经济方面政策信息的重要渠道。

（5）《半月谈》杂志

主办单位：新华社。

一句话推荐：党联系人民群众的纽带。

（6）《参考消息》

主办单位：新华社。

一句话推荐："外国人看中国"和"外国人看世界"，毛泽东同志称其为"天下独一无二的报纸"。

（7）《环球时报》

主办单位：人民日报社。

一句话推荐：是面向全国发行的新闻媒体大报，在解读中国外交政策领域具有一定权威性，其英文版是唯一向国外传达符合中国基本国情综合新闻的一份报媒。

（8）《中国纪检监察报》

主办单位：中央纪委国家监委。

一句话推荐：党风廉政建设舆论宣传的重要阵地。

（9）《中共中央办公厅通讯》

主办单位：中共中央办公厅。

一句话推荐：传达中央精神的重要载体。

（10）《秘书工作》杂志

主办单位：中共中央办公厅秘书局。

一句话推荐：服务党政军群机关及企事业单位办公厅（室）的思想阵地、沟通平台、精神家园、智慧宝库。

（11）《党建研究》杂志

主管单位：中共中央组织部。

一句话推荐：中组部主管的唯一公开发行的党刊，是研究党的建设问题的理论月刊。

（12）《党建》杂志

主管单位：中共中央宣传部。

一句话推荐：党中央办的关于党的建设的综合性党刊。

（13）《学习活页文选》杂志

主办单位：《党建》杂志社。

一句话推荐：各级党委中心组必备的学习材料。

（14）《中国统一战线》杂志

主管单位：中央统战部。

一句话推荐：统一战线宣传的主阵地，推动统战理论研究和统战工作开展的重要载体。

（15）《学习与研究》杂志

主办单位：中共中央政策研究室。

一句话推荐：中共中央政策研究室主办的政治类综合性学术期刊。

（16）《解放军报》

主管单位：中央军委政治工作部。

一句话推荐：中央军委机关报。

（17）《学习时报》

主办单位：中共中央党校。

一句话推荐：国内外公开发行的全党唯一专门讲学习的报纸。

（18）《科技日报》

主管单位：科技部。

一句话推荐：中国科技界面向社会和世界的明亮窗口。

（19）《中国青年报》

主办单位：共青团中央。

一句话推荐：共青团中央机关报。

（20）《中国青年》杂志

主办单位：共青团中央。

一句话推荐：共青团中央机关刊。

（21）《中国少年报》

主管单位：共青团中央。

一句话推荐：以少年儿童为读者对象的综合类报纸。

（22）《人民公安报》

主管单位：公安部。

一句话推荐：公安部机关报，中国警方最权威报纸。

（23）《中国信息报》

主管单位：国家统计局。

一句话推荐：用统计数据说话，为经济决策服务。

（24）《人民法院报》

主办单位：最高人民法院。

一句话推荐：反映人民法院审判工作的唯一全国大型报。

（25）《检察日报》

主办单位：最高人民检察院。

一句话推荐：最高人民检察院机关报。

（26）《工人日报》

主办单位：中华全国总工会。

一句话推荐：工会紧密联系群众的重要阵地和渠道。

（27）《农民日报》

主管单位：农业农村部。

一句话推荐：党和政府指导全国农业农村工作重要舆论工具。

（28）《中国交通报》

主管单位：交通运输部。

一句话推荐：全国交通行业新闻宣传的主渠道。

（29）《中国组织人事报》

主管单位：人力资源和社会保障部。

一句话推荐：全国唯一以人事人才工作为主要报道内容的行业大报。

5. 由各省（直辖市、自治区）委主办的机关报

北京《北京日报》、天津《天津日报》、河北《河北日报》、山西《山西日报》、内蒙古《内蒙古日报》、辽宁《辽宁日报》、

吉林《吉林日报》、黑龙江《黑龙江日报》、上海《解放日报》、江苏《新华日报》、浙江《浙江日报》、安徽《安徽日报》、福建《福建日报》、江西《江西日报》、山东《大众日报》、河南《河南日报》、湖北《湖北日报》、湖南《湖南日报》、广东《南方日报》、广西《广西日报》、海南《海南日报》、重庆《重庆日报》、四川《四川日报》、贵州《贵州日报》、云南《云南日报》、西藏《西藏日报》、陕西《陕西日报》、甘肃《甘肃日报》、青海《青海日报》、宁夏《宁夏日报》、新疆《新疆日报》。

这些报纸,不仅刊发最权威的行业类理论文章,还刊载共性方法论文章,甚至不乏不同体例的范例文章,可作为深度研究事、深度研究人、深度研究体、深度研究景的资料库、素材库。定期查阅,潜心研习,持续几年后必有大成。

三、多搜集好范文,特别是常写体例

要结合自身常写或想学的体例,养成搜存优秀范文的习惯。只有平时多揣摩学习,来任务时才能够从容仿写。

建议多关注各级党报党刊、网站及微信公众号,从中发掘带着热气的范例。

——若常写汇报类材料,推荐关注相关报刊及新媒体。比如,浙江省委从2013年7月25日起开始举办县委书记工作交流会,约每个季度召开一次,每次10个左右县(市、区)委书记发言,每人发言时间控制在6分钟。像这样的汇报材料,务实清新、结构严谨、简洁有力,是研究汇报材料的范例。截至愚拙写到这篇文稿时,举办了近30次,高质量的汇报材料已达两三百篇。从中选若干进行精读,不仅能够提升对汇报材料的理性认识,更能直观感受到浙江作为先进省份的超前理念、精细服务，给人以思想之启迪、精神之震撼。

——若常写讲话类材料，不妨关注各级党报党刊及政府网站。可以随时结合自身工作职能和当前重点工作，挖掘兄弟省市、兄弟单位最鲜活的讲话素材，或者直接挖掘到原汁原味的讲话全文，或者从新闻通稿中揣摩讲话提纲。很多读友经常向愚拙询要不同领域的讲话稿范例，这种业务"内行"向业务"外行"要材料的事，总是让愚拙很为难。这里推荐像玉的石头在《秘书工作手记2：怎样写出好公文》中讲到的百度site搜索法，即在百度搜索框中输入"关键词 site:gov.cn"，就可搜到各级政府网站中鲜活的、一手的素材。运用好此方法，以后满屏都是优秀范例。同理，搜索各高校网站，可输入"关键词 site:edu.cn"；搜索人民网，可输入"关键词 site:people.com.cn"；搜索新华网，可输入"关键词 site:xinhuanet.com"；搜索求是网，可输入"关键词 site:qstheory.cn"。在搜索中，如果用当前这个关键词搜不到理想的文章，就开动脑筋，多换几个相近的试试，没准会别有洞天，找到更合适的干货。

——若常写政务信息，建议多找几期拟刊发的载体。因为政务信息类型多样，不同载体风格不一。建议将待投载体上面的文章作为范文，揣摩其体例结构、行文特点。摸索到规律后，照猫画虎，被刊发的概率就会增加很多。如果对载体没有固定要求，建议重点看《人民日报》等各级党报头版，那里通常刊载着最权威的信息范例。

——若常写工作总结，建议多查本单位近5年的工作总结，或者查近5年各级政府工作报告的成果做法部分（一般是第一部分）。如果想看系统内兄弟部门的总结，可以直接打电话要，可以在网上搜索蛛丝马迹，也可以看看部委层面有没有工作年鉴等载体。

——若常写调研报告，建议多看看中组部主管的《党建研究》，基本每期有一篇或两篇调研报告，基本是各级组工部门、政研部门起草的，文稿质量通常很高，是研究调研报告的绝佳素材。

——若常写政府工作报告，直接百度就好了，基本上各地报告公开后，第一时间就能在网上搜到。

——若常写 15 种公文，尤其是常见的通知、意见、函、公告、批复等，建议一是看看本单位以往文件，二是看看当地政府网站中的政府文件库，三是看看国务院网站中的政府文件库，在对照中把握好上级要求和本级历史沿革的融合。其他不太常用的公文，在写前，临时通过百度搜索若干篇权威范例即可。

第 3 节　读——静心深阅读，注重实际占有

要想做好深度阅读，第一步就是耐烦！舍得花时间，安安静静坐下来，把手机搁置一边，耐心去读！

究竟如何去"读"？"读"后成果如何运用？

现在互联网这么发达，各种公众号、头条号会推送很多关于公文写作的干货。比如亮点标题、精彩排比等。

这些资源好不好呢？总体上看是不错的。

估计很多读友是这样操作的：点开链接，至多看了 10 条、20 条后，内心感觉相当不错，收藏后就关掉了，心里想等用的时候再看也不迟。之后，又陆续收藏了二三十个链接。

当来任务的时候，依然眉毛胡子一把抓，依然难以取舍，感觉收藏的素材哪个都能用，哪个又都不太适合。

不知道大家是否有过这样的经历？

正确的做法应该是：结合自己工作的特点，想想自己需要哪方面的材料。

如果你在综合部门，重点在务虚材料上下功夫，写领导讲话时，可能经常会写如何加强领导，如何落实责任，如何强化监督，如何调查研究。那你按照这几块整理就好了。平时在看《人民日报》等报刊、看各级领导讲话、看其他好材料时，发现好标题、好词语、好句子，都按照这几块整理出来。

用笔记，敲键盘，都没问题。关键是得记下来！

在看到公众号、头条号推送的标题、排比、语句集锦时，如果实在太忙，先收藏起来也没啥太大问题。但有时间时，一定要舍得花精力通读一遍，并分类整理到自己的体系内，以备后用。

按照这种思路，你整理的类别会越来越齐全，越来越合理；你整理的素材，会越来越鲜活，越来越有亮点。当你再写材料时，对素材的驾驭能力会越来越强。各种素材，你会信手拈来；各种任务，你会应对自如。

一、如何保持源头活水？

1. 海量泛读

若想材料写得有深度、有厚度、有广度，必须通过海量阅读，占有并消化大量资料，对上情、下情、内情、外情了如指掌。

所谓海量泛读，就是每天拿出固定时间，广泛地读，读各类名报大刊，读各级重要讲话。

涉及业务的要天南海北读，涉及方法的要结合实际读，涉及思维的要如饥似渴读，关注有无涉及职能事宜，有无好思想、好标题、好词句、好段落。

2. 按需精读

所谓按需精读，就是有选择地读，从泛读中筛选需多读精读的文章，反复读，画线读，批注读，读对推进业务工作有利的，读对提升思维有益的，读对写材料有用的。

3. 分类整理

将阅读过程中发现的好词语、好标题、好句子，第一时间记录下来，分类整理到自己的体系内，以备后用。

愚拙的《机关公文常用词句集锦》已历经十余个版本，逐步呈现出内容丰富化、素材动态化、查询电子化态势。

具体操作路径：将前一版《机关公文常用词句集锦》作为底稿并打印出来随身携带，将日常工作、海量泛读、认真精读中发现的好词、好句，及时手记到集锦中。待集锦空白处被密密麻麻地填满，开始研究整理新一版集锦。在整理中，要经常性地重点研究，如何根据实战需要进一步优化分类和排序。

4. 实战练笔

要真刀真枪练，在练中提升，在练中成长。

最好的实战，就是各种急活、难活、重活。因为这些不好干的活儿可在短时间内锤炼我们的协调能力、思维能力、文字能力。

整理干货，其实也是主动应对急活、难活、重活的一种方法，是打好提前量的法宝。

而在干货的基础上，围绕某一主题，写点小论文，既可练笔，又可积累拿之即用的优质素材，为以后随时而来的各种急活、难活、重活增色添彩。

二、阅读对写材料是否重要？

写材料写到一定程度，其实比的是写手的信息占有量及信息处理能力。

无论是纯业务材料，还是综合材料，在内行看，还是内容为王。谁能够在最简洁的篇幅里传输更多有效、有价值、有深度的信息，谁就是高手。

很多读友向愚拙询问关于写材料速成的技巧方法。从自身感受看，最大的经验还是有效阅读量，即通过海量泛读、分类精读而充分占有的信息量。这个信息量，既包括业务方面的上情、下情、内情、外情，又包括体制内办文、办会、办事的思维方法经验，还包括深层次的理论、思想及共性方法论。

以愚拙为例，且不说为了完成各类急难险重材料而必备的即时阅读量，就平时储备、练功而言，很长一段时间内，都做到了每天8小时工作外还有至少8小时投放在阅读上，阅读《人民日报》《秘书工作》《求是》《党建》《党建研究》等报纸杂志，阅读行业领域内相关信息，阅读公文写作类书刊、公众号等。

刚开始时，为了找出更多更优的信息渠道，通过创建"出彩写作"公众号等方式，同天南海北的读友们聊，既获取一手新鲜信息，又捕捉优质信息来源，更固化了日趋稳定和成熟的信息渠道。一定程度上讲，"出彩写作"特别是其中的动态集锦栏目，就是愚拙阅读量及深加工的一个见证，也是愚拙深耕于以文辅政鼎新的一个佐证。

在海量泛读精读的过程中，愚拙不知不觉得到越来越多领导的认可。在持续读和悟的过程中，愚拙确实也长了才干，无论是意识、格局、视野层面，还是基础、方法、技巧层面。

所以，想在写材料方面速成的读友们，不妨先从读开始吧！

三、具体应如何泛读？

带着问题找文章读，带着问题进入文章读，是有效阅读的一种方法。

关于应泛读什么，愚拙在前面的章节中分享过自身的经验：立足根本、实用为先。这条原则是攻心之术，非常重要，这里再作重复。所谓"根本"，即长远规划所需。所谓"实用"，即胜任本职所需。平常该看什么，从长远根本上讲，取决于对自己的定位。从实用角度上讲，取决于具体工作的需求。具体该阅读什么，需要夜深人静时问一下自己：将来想干啥？现在干好工作，最需要提高啥？自己最应看到的内容，一般可从哪些媒体获取？

具体而言，从实用为先的角度，以愚拙为例，泛读的范围大致包括：党中央国务院和省委省政府涉及工作的重要文件、领导讲话、会议精神、批示指示；部委及各省、各级部门的文件、讲话、简报等；《人民日报》、新华社、当地日报等重要媒体的有关文章和报道；理论界有关专著读物；可供借鉴的其他部门相关资料。

具体泛读的方法就是带着自己平时对工作的思考、对材料的需求及关注的问题，扫描式浏览，迅速看标题、看导语、看段首、看内容，初步判断是否在谋篇布局、段落结构、字词语句等方面值得精读。以《人民日报》为例，愚拙每天泛读的时间约 10 分钟，头版、评论版和理论版约 7 分钟（摘选 1~3 篇精读，精读时间不计入内），其他版约 3 分钟，及时了解中央的最新精神，学习评论中的精彩立意、词句，增强自身理论素养。

四、如何把握深读的节奏？

其实，笔杆子的一天，通常很满很琐碎，基本拿不出整块时间坐下来看报刊文件。写到一定程度，忙到一定程度，每天的心境可能会很紧张、很焦虑，充斥着强烈的本领恐慌，担心由于没有掌握足够多的情况，在"遭遇战"中写出的东西没有高度、没有灵气。

如何应对这一问题？

要掌握不同时间和精力下的阅读策略。

1. 最理想的做法：坚持每天必读

以愚拙为例，绝大多数时间里，坚持《人民日报》每天必读，《秘书工作》和《求是》杂志每期必读，《党建》《党建研究》等杂志按需集中读。

2. 最底线的做法：进行集中补读

受限于任务、精力等因素，在任务重、精力不足情况下，尽量少安排精读，避免发力过猛。待任务相对较轻、精力恢复不错时，再安排集中补读。

补读不能像每天必读那样每版必翻，但重点文章要读到位。

实践中，坚持三点原则：一是近精远泛，即：原则上，近期的尽量精读，远期的尽量泛读；二是大局类、业务相关类及共性类文章精读；三是头版、评论版、理论版文章精读，其他版面根据时间、精力及业务相关性决定泛读或者精读。

3. 最有效的做法：形成专题系统精读

主要是结合自身当前或长远的实际需要设置主题，把相关文章归堆读。

专题归堆学时，还可以将搜集范围扩大到《光明日报》、新华网等主流媒体。

可以说，愚拙的《机关公文常用词句集锦》也是专题系统精读的产物。

专题系统精读可以练就务虚谋划能力,对于拟写讲话稿务虚论述部分、务虚务实相融合部分大有裨益。

五、实战复盘:如何从阅读中储备素材?

愚拙以写这篇文章时正读的 2018 年 8 月 16 日《人民日报》为例,向大家还原一次读报积累素材的全过程:

相比较纸质版,愚拙更喜欢读电子版。如何找到电子版呢?以"人民日报"为关键词,通过百度搜索就可搜到《人民日报》电子版,将其作以收藏,每天泛读精读时找起来会很方便。与读纸质版相比,读电子版,整个版面可以尽在眼下,能够第一时间根据自己的关注点和兴趣点,挑出自己想读愿读的内容,能够大大提升阅读的效率。

从收藏夹里打开《人民日报》电子版,在"往期回顾"中找到当天也就是 2018 年 8 月 16 日的报纸。

头版必须逐篇认真看,这里面通常有重要会事活动报道、重要综述稿、重要评论稿、重要通讯稿。这天的头版,内容十分丰富。

点开头版头条《〈习近平扶贫论述摘编〉出版发行》。"决胜脱贫攻坚,共享全面小康;坚持党的领导,强化组织保证;坚持精准方略,提高脱贫实效;坚持加大投入,强化资金支持;坚持社会动员,凝聚各方力量;坚持从严要求,促进真抓实干;坚持群众主体,激发内生动力;携手消除贫困,共建人类命运共同体。"这是论述的八个专题,题目本身也是做法和经验的完美概括。题目,要记到词句集锦里,留着反复揣摩和作以备用。这本书的书名记到笔记本里,这几天关注当当、京东、淘宝,要买来细细研究。

点开《中国经济——形稳 质优 势好》。经济类的通讯消息必须详细研读,进入新时代还是要以经济建设为中心的,要时刻聚焦经济、服务经济,这对研判业务工作面临的形势也有重要意义。除了看七月份同半年数据、态势的异同外,这个稿子的标题及通篇中的三个关键词"形稳""质优""势好"概括提炼得很有新意。好的标题,就要概括得全、表述得准,能够叫得响、传得开。之前拟领导讲话稿时,曾有过此类尝试,品味沉淀后,体会更加深刻了。形式要服务于内容,内容必须兜得全、说得准、叫得响、传得开。

点开《创业热土充满活力》。时间关系,只能从头到尾浏览浏览了。标题还是很有特色的。"一块基石,种下了改革开放的基因""一种基因,创新激发产业发展活力""一种理念,发展成果惠及百姓",多好的一组标题啊!拿笔抄下来,免得忘了,毕竟创业也是愚拙单位的一项业务。业务类的,要多积累多储备,虽然不直接负责这项工作,但在拟写综合稿件时总会涉及。自己储备好了,同业务处室研究业务、研究稿件时,比完全不知道要好得多。毕竟,好的综合人员应是半个业务人员。

时间过得很快,头版的其他内容,点开迅速浏览,原则上以泛读为主,就不精读了。除非特别好的,先复制到文档里,闲时精力好时再慢慢品味。

第二版快速浏览标题,没有时事政策,没有业务相关内容,没有最近的关注点和兴奋点,不点开了。第三版也是如此。

到第四版了,"人民论坛"栏目是必看的,这期的标题《俯首甘为孺子牛》也不错,无论是滋养心性,还是拟写党建类、综合类材料,都能有所思考、借鉴。赶紧点开看看,的确不错,可惜有些疲乏了。复制到文档里,初步把值得品味的标黑,明早再细细品吧。点开《抓整改,就是抓落实》一文,标题是不错的,落实是永恒的主题,整改是前进的养分,看看能否有所思考和借鉴吧。有些话语确实很深刻,之前有过类似整理了,就不做精读了,但要复制到文档中，做好备存。今天的储备看来很多。

　　终于到第五版了。第五版通常是评论版，篇篇要点开的。点开《让惠民生成为一种发展自觉》，民生工作是单位的主业，虽然是地方经验类材料，但里面的务虚思考和表述要反复品味，材料的务虚谋划能力，只能来源于大量的阅读。复制粘贴到文档中，重点亮点启发点初步标黑。点开《保持"眼睛向下"的情怀》，从题目看得出来，聚焦接地气的，得好好学学，现在就通读一遍，里面的思想和语句很犀利，继续复制粘贴、标黑做记号。其他两篇，一看就是别的业务，点开看看在方法论方面是否有启发，就不复制粘贴了，今天粘贴的内容够多了，将有用的马上拿笔记本记录下来。读了就要有所收获，有所记录。

　　第六版，看看标题，没有想读的。已经很累了，重点看看第七版理论版吧，每篇都至少要打开的。打开《我国经济稳中向好态势进一步巩固》，这是关于经济形势分析的理论文章，要深读，现在的状态不好，复制粘贴明天重点看。另三篇，离业务和关注点要远一些，点开找找务虚共性方法论表述，今天的理论版花的时间不多，主要还是体力和精力不支。

　　剩下的版面迅速扫一扫标题，有几个标题非常不错，记下来备用。其实，学拟标题、列提纲，只要认真研究两个月的《人民日报》标题就足够了。每天浏览一下《人民日报》版面，看看标题，总会激发出很多写作灵感，这种感觉真好。有几篇业务工作的深度文章，点击读一读，复制下来，改天向业务处室的同事分享分享，并跟他们探讨探讨。若想综合搞得好，就要把自己练成半个搞业务的。有时候，愚拙的期望还不止半个。今天的版面好多，共24版，全部泛读一遍，工作量也不小，不过收获满满。

　　以上就是愚拙一次读报积累素材的全过程，希望能够对读友有所启发。说一千道一万，关键还是自己动起来。让我们都试着读起来、储备起来！

六、实战复盘：具体应如何精读？

精读的程度取决于具体需要。需要在哪方面提高，就应该在哪方面精读。

对于纳入精读的长文，愚拙通常会打印出来，摆在案头，常读常思常查，反复读、画线读、批注读，读对推进业务工作有利的，读对提升思维有益的，读对写材料有用的。比如党的十九大报告、各省党代会报告，及纳入精读的短文，用 Word 文档存起来，对亮点进行标注，并抄写在词句集锦中。

一般而言，精读的关注点主要集中在谋篇布局、段落结构、业务知识、字词语句上面。

面对网络、报刊及新媒体等各类渠道的海量公文资料，如何通过泛读快速作出取舍，选出应精读的文章，并有效精读，让每次阅读都能留下成果呢？

下面，愚拙以精读习近平总书记在全国组织工作会议上的讲话为例，同大家复盘精读的具体过程和方法。

当从 QQ 群里看到读友分享的习总书记在全国组织工作会议讲话，并经反复核实确系公开发布稿后，愚拙第一时间进行复制粘贴打印，以备精读。作为负责文字综合工作的人员，受委托拟写党建类材料的概率很大，何况很早之前就看到过新闻通稿，对大概内容有了一定了解，因此这篇文章是必须要精读的。精读中，要学习总书记讲话中关于党建工作、关于组织人事工作的新论断、新表述，要研究总书记讲话中的思维逻辑，要做到上情与技法兼得、内情随上情而思。这是在阅读之前就定好的原则和思路。

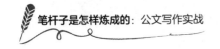

然后，开始精读三步曲。

一是扫总导语，找准文章主题。总书记讲话第一段简要交代会议背景、目的后，第二段末尾用"重点围绕"明确了讲话的主题："新时代党的组织路线为党的政治路线服务"。领导讲话稿通常开门见山亮明主题。精读文章的第一步，就是要快速找准文章的主题，明确文章要解决的问题是什么。

二是扫一级标题，研究文章逻辑架构。带着问题阅读是有效阅读的前提。第一步弄清文章主题，第二步就应研究文章的各部分是如何为主题服务的，文章的整体思路是什么。具体到这篇文章，在看到主题后，我们可以略微闭目思考，按照公文三段论思维，无论文章具体几个部分几个段落，均离不开"为什么""是什么""怎么办"这一公文核心逻辑。主题中有两个概念，一个是"新时代党的组织路线"，这是新概念新提法，文章中必会讲其具体内涵；一个是"党的政治路线"，这是老概念，"政治路线、思想路线、组织路线、群众路线"是经常提、连着提的。那么，在精读之前，我们可以推测，文章中可能会重点阐述："新时代党的组织路线"是什么，"新时代党的组织路线"为什么要"为党的政治路线服务"，以及具体如何"为党的政治路线服务"。

重点扫读一级标题、标题后导语及二级标题后，我们不难看出，文章共六个部分，每个部分均聚焦文章主题。第一部分是回顾好的局面，第二部分提出主题，第三部分至第六部分是对主题的分述。具体分析两级标题特点，从形式上看大象无形，从内容上看是对段落的完美概括提炼，这也是我们应该重点学习的技法。

三是逐字逐句精读，前后反复对照精读。具体可揣摩标题提炼的艺术，揣摩起承转合的奥妙，揣摩一级小标题如何服务于文章主题以及各级小标题如何服务于上级标题，揣摩文中的好观点好词句，并进行专门标记、批注和摘录，留备下次研究和使用。作标记、批注和摘录，是精读留痕的载体和过程。在接到拟相关材料的任务后，可用最短的时间打开并找到之前标记的重点，大大提高写作效率。再比如，动态集锦中的词语部分和分类语句部分就是愚拙精读留痕并二次分类重组的过程，读者也可作为借鉴。

现实中，一些笔友难免想找到公文写作诀窍，粗浅浏览多、深度研习少，捧瓜看热闹多、埋头深度学少，其做法主要停留在微信里电脑里收藏了很多好稿子好素材，书桌上摆了很多好资料好文章，就是不愿意花时间深度精读、庖丁解牛。我们不妨把精读作为一种学习的习惯，任务多时，把任务中接触的好文章作以精读，任务不多时，把收藏的好文章、《人民日报》等报刊作以精读，只有肯持续下笨功夫，才能在关键时刻打硬仗。

七、实战复盘：如何固化发现的好思维和好语句？

下面，重点从"为什么""是什么""怎么办"这一公文核心逻辑方面，解析《人民日报》2019年9月3日一篇关于抓落实文章的文脉及技法，供读友在深度阅读中运用解析法或批注法固化文章中的写作思维、理念、语句参考。

让抓落实成为党员干部的鲜明特质

反对空谈、强调实干、注重落实，是我们党的优良传统。从一定意义上讲，"不忘初心、牢记使命"主题教育提出的"守初心、担使命，找差距、抓落实"总要求，落脚点就在抓落实。有没有守好初心、担好使命，要靠抓落实来检验；有没有找准差距、解决问题，也要靠抓落实来体现。党员、干部不忘初心、牢记使命，带领人民群众干事创业，就要让抓落实成为自己的鲜明特质，始终着眼于实、立足于干，不断增强抓落实能力，推动党的大政方针落地生根。（解析：从党的优良传统和时下主题教育，引出本文主题：抓落实。结合主题教育再进一步作论述，引出全文的主要观点：让抓落实成为自己的鲜明特质。拟写"抓落实"的角度有很多，不同层级、不同部门、不同岗位间会有千差万别。站在省政府主要领导角度，需要高站位、大格局、广视角，既要务虚，又要务实。本篇就是范例，具体主要从"抓落实彰显忠诚干净担当""抓落实诠释为民服务作风""以科学机制保障和促进抓落实"三个方面进行论述）

抓落实彰显忠诚干净担当

权力就是责任、责任意味着担当，忠诚干净担当是党对领导干部提出的政治要求。"不忘初心、牢记使命"主题教育的根本任务是深入学习贯彻习近平新时代中国特色社会主义思想，锤炼忠诚干净担当的政治品格，团结带领全国各族人民为实现伟大梦想共同奋斗。（解析：先阐述"忠诚干净担当""是什么"）对于党员、干部来说，是否具有忠诚干净担当的政治品格，最终要体现到抓落实上。（解析：在本段关键词"忠诚干净担当"与本文主题"抓落实"间建构关联，靠近主题、贴近主题。以下分别从"忠诚""干净""担当"三个角度进行具体阐述，行文脉络基本一致：结合"抓落实"这一主题，对"忠诚""干净""担当"分别阐述"是什么""为什么""怎么办"）

抓落实考验的是忠诚，检验的是党性。习近平同志强调，"对党忠诚，不是抽象的而是具体的，不是有条件的而是无条件的，必须体现在对党的信仰、党的组织、党的事业的忠诚上""讲实话、干实事最能检验和锤炼党性"。（解析：结合"抓落实"，阐述忠诚"是什么"，即：是讲"党性""讲政治"。以下从两个方面，阐述忠诚"怎么办"。在言论稿、讲话稿中，有时会缺少"为什么"部分，有时会将其融入"是什么""怎么办"部分之中。本段就缺少明显的"为什么"部分）是不是讲政治，党性强不强，关键要看落实党的决策部署及时不及时、坚决不坚决。党员、干部必须把讲政治、顾大局、守纪律贯穿抓落实的全过程，把抓落实作为思想自觉和政治操守。要把绝对忠诚融入血脉、浸入灵魂，增强"四个意识"、坚定"四个自信"、做到"两个维护"，自觉在思想上政治上行动上同以习近平同志为核心的党中央保持高度一致，做到中央提倡的坚决响应、中央决定的坚决照办、中央禁止的坚决杜绝。（解析：结合"抓落实"，从"讲政治""党性"角度，谈忠诚"怎么办"，即"怎么做到"忠诚。具体用了三个"把"）政治上的坚定源于理论上的清醒。要推动学习贯彻习近平新时代中国特色社会主义思想往深里走、往心里走、往实里走，不断从中找寻精神坐标、汲取科学智慧，把学习成果转化为增强党性的实际行动、做好工作的思路举措、解决问题的实际成效。作为革命老区，江西的党员、干部要更加自觉、更加坚定地把学习贯彻习近平同志视察江西重要讲话精神内化于心、外化于行，聚焦"在加快革命老区高质量发展上作示范、在推动中部地区崛起上勇争先"的目标定位和"五个推进"的更高要求，提高站位、狠抓落实、务求实效，描绘好新时代江西改革发展新画卷。（解析：从更深层次，即理论学习角度，谈忠诚"怎么办"。文中具体用了两个"要"，第一个"要"总体务虚，讲共性做法要求；第二个"要"总体务实，从江西角度谈做法要求）

无私才能无畏，才敢较真碰硬。党员、干部要把党的原则、党

的事业和人民利益放在心中最高位置,把"干净"和"干事"统一起来,严格执行党章党规党纪,守住底线、不踩红线、不碰高压线,保持清正廉洁的政治操守。(解析:阐述干净"是什么",是"无私")当前,我们正在进行具有许多新的历史特点的伟大斗争,面临一系列重大挑战、重大风险、重大阻力、重大矛盾的艰巨考验,只有炼就"金刚不坏之身",才能抵御住各种噪音和诱惑,才能随时准备为党和人民奉献一切。(解析:阐述干净"为什么",即"为什么要"干净)党员、干部要勤于检视内心、涤荡灵魂、防微杜渐,决不能颠倒了公私、混淆了是非、模糊了义利、放纵了亲情。特别是领导干部要以身作则、率先垂范,坚决同各种腐败现象作斗争,大力营造风清气正、干事创业的良好政治生态。(解析:用两个"要"论述干净"怎么办"。建议读友在研习文稿中,带着"是什么""为什么""怎么办"的思维去读,这有助于把握住文脉走向,锻炼行文思维。前面同大家详细剖析了两段,在下面的分析中,笔墨将从简)

敢于担当既是政治品格,也是从政本分。"不忘初心、牢记使命"主题教育的具体目标之一就是干事创业敢担当。党员、干部要把组织的重托、人民的信任看得比泰山还重,拿出抓落实的"十八般武艺",以实效论英雄,凭实绩赢口碑。(解析:"是什么"部分)在抓落实过程中,必然会遇到这样那样的困难和挑战,只有抱定"知其难而为之"的执着信念、"赴百仞之谷而不惧"的无畏气概,坚持党性原则、勇挑千钧重担,才能将发展的痛点、难点、堵点变成工作的亮点、特点、闪光点。(解析:"为什么"部分)敢于担当不是盲目蛮干,抓落实需要过硬本领。要自觉向书本学习、向实践学习、向人民群众学习,坚持干中学、学中干,掌握抓落实、善落实、落得实的科学方法,不断提高战略思维、历史思维、辩证思维、创新思维、法治思维、底线思维能力，不断增强工作的原则性、系统性、预见性、创造性，努力成为攻坚克难的行家里手。（解析："怎么办"部分）

抓落实诠释为民服务作风

习近平同志强调，作风建设是攻坚战，也是持久战。落而不实，表面上是方法问题，实质是作风问题。时下，有的党员、干部抓工作不注重实效，不愿下功夫解决存在的矛盾和问题，而是热衷于做表面文章、搞面子工程，这是政绩观不正、作风不实的突出表现。（解析："是什么"部分）党员、干部要力戒形式主义、官僚主义，大力弘扬崇尚实干、狠抓落实的良好风气。要明白"天下大事必作于细"的道理，往深里抓、往实里抓、往细里抓，既抓大事、管宏观，又抓细节、管微观，积小胜为大胜。要雷厉风行，讲究抓落实的时与效，该办的事要坚决办，决不能拖；能办的事要马上办，决不能等；难办的事要想方设法办，决不能畏；需要协调的事要合力办，决不能推。（解析："怎么办"部分。金句！四种情况论述精彩！）对于需要长期抓落实的项目和任务，要以抓铁有痕、踏石留印的劲头，一环紧着一环扣、一锤接着一锤敲、一步接着一步走，坚持不懈抓下去，善始善终、善作善成。（解析："怎么办"部分）

作风是否过硬，最终要落实到为民服务的具体行动和成效上。（解析：从作风进一步聚焦到为民服务作风上）为民服务解难题是"不忘初心、牢记使命"主题教育的具体目标之一。（解析：结合主题教育，论述为民服务"是什么"）只有强化服务意识，始终把人民利益摆在至高无上的位置，将全部精力用在抓落实、优服务、解民忧上，才能把握抓落实的根本。（解析：论述"为什么"为民服务）党员、干部必须牢固树立以人民为中心的发展思想，把为民造福的责任扛在肩上、抓在手中、落到实处。要始终以百姓心为心，把群众的安危冷暖挂在心上，把群众期盼的事变成政府要干的事，使政府在干的事成为群众支持的事，使政府干成的事成为惠及群众的事，不断满足人民群众对美好生活的向往。（解析：论述为民服务"怎么办"）

"大鹏之动，非一羽之轻也；骐骥之速，非一足之力也。"人类社会发展史深刻说明，人民是历史的创造者，群众是真正的英雄。（解析：上升到群众观理论高度，继续论述"为什么"）党员、干部要甘当小学生，虚心向人民群众请教，最大限度地凝聚群众智慧、汇聚群众力量。特别是对于那些长期难以解决的矛盾和问题，要身入基层、心贴群众，与群众坐在一条板凳上、一起想办法，形成干群连心、合力攻坚的生动局面。（解析："怎么办"部分）

以科学机制保障和促进抓落实

习近平同志强调，"谁排斥变革，谁拒绝创新，谁就会落后于时代，谁就会被历史淘汰。"知常明变者赢，守正创新者进。（解析：论述"为什么"变革、创新）贯彻落实党的理论和路线方针政策，必须结合本地实际，创造性落实。缺乏创新意识，对中央决策部署"依葫芦画瓢"，搞"上下一般粗"，那是低水平落实，甚至是假落实。（解析：结合"抓落实"主题，继续论述"为什么"改革、创新）党员、干部必须发扬"逢山开路，遇水架桥"的精神，在落实中创新，在创新中落实。要把解放思想作为推动落实的"第一道工序"，坚决克服传统观念和惯性思维的负面影响，不断用新的思想观念研究新情况、解决新问题，做到精准识变、科学应变、

第5章 磨刀子——"磨刀不误砍柴工"

主动求变。善于运用现代科技手段，整合各方资源，优化综合效能，创造性解决过河的"桥"或"船"的问题。坚持一切从实际出发，具体情况具体分析，因时因地因事制宜，清醒认识自身优势，强化现有优势，发掘潜在优势，努力抢占先机、赢得主动。（解析：用"必须"和"要"引出"怎么办"，本文多处用这一技法。只看这一段，可能会感觉扣小标题不太紧，下面就需要扣了，扣的过程中需要将"变革""创新"同科学机制、抓落实建构起一组联系。具体如何建的，继续对下文进行解剖）

抓落实需要创造性，将实践中形成的管用、有效办法及时确立为机制，以科学机制保障和促进抓落实。（解析：果然在建构联系、扣向小标题！那么，上面的一组"为什么"—"是什么"—"怎么办"，又变成了"科学机制"的"为什么"式论述了，即一种"为什么"式铺垫）要坚持以落实为标准，紧盯从决策形成到落地见效的每一个环节，加快构建科学管用的机制，确保落得下、落得实、落得好。（解析：此为"怎么办"的总述。以下主要从决策和督查考核两个方面进行论述。这里要强调的是，"要"不见得一定是每个分论点的起点，这一点亦可在下文中慢慢体会。区分文脉思路，不能简单以"要"区分）决策是落实的起点，决策环节出了问题，落实就不可能到位。要尊重规律、把握规律，坚持按规律办事。严格执行重大决策出台前科学评估、专家论证等制度，综合运用互联网、大数据、云计算等手段，提高决策的精准度。要明责任、限时间、卡节点，形成任务具体、责任到人、环环相扣的"责任链"，以责任制促落实、保成效，形成一级抓一级、层层抓落实的工作格局。督查是推动落实的重要手段，督查抓到底，工作才能落到底。要聚焦党中央决策部署的贯彻落实，创新督查方式，提高督查实效，并将督查结果与考核奖惩挂钩、与选人用人衔接。落实成效是评价

干部绩效的"试金石"。要紧扣高质量发展要求,细化目标、量化指标,形成更加科学、公平、有效的考核机制。改进考核方式,探索将社会公众评估纳入绩效考评体系,把企业满意度和群众获得感幸福感安全感作为重要指标,避免以"痕迹"论政绩,让考核结果得到公认。当前,尤其要贯彻落实习近平同志关于"三个区分开来"的要求,把容错纠错机制嵌入改革发展稳定各项工作,让干事创业者卸下包袱、轻装上阵,放开手脚干,放心大胆闯。

习近平同志指出,党的基层组织是确保党的路线方针政策和决策部署贯彻落实的基础。基层是各项工作的落脚点。各级政府部门在设定目标、分解任务的时候,要充分考虑基层的实际情况,高度关注抓落实的要素保障。注重调动基层干部的积极性主动性创造性,多为基层干部着想,给予基层干部更多的信任、关爱、支持和帮助,为他们创造更好工作条件、提供更大发展空间,让基层干部有尊严、有干劲,敢于和善于抓落实。(解析:最后一段聚焦到"基层"这一落脚点,切合中央政策,回应基层关切,直面时弊问题。本段虽短,同样五脏俱全,也有"是什么""为什么""怎么办"的论述)

(综述:"是什么""为什么""怎么办"是公文写作具体论述层面最核心的思维,在平时深度阅读中要多带着这三个问题,去体会"是什么""为什么""怎么办"在不同文章不同论述中的多样性体现。有时,三者之间甚至是你中有我,我中有你,相互交织的关系。只有在阅读中深品细析,充分领略其多种多样、变化无穷的奥妙,才能在写作实践中游刃有余)

以上还原了愚拙带着"为什么""是什么""怎么办"这一公文核心逻辑,对文章进行精读的全过程。建议读友亦可带着此逻辑,有意识、有计划地对有关材料进行庖丁解牛式精读。高质量研读百余篇后必有精进。更多解读文章，也可到"出彩写作"公众号动态集锦中查阅。

八、如何在阅读中固化各方面情况？

在本书前言中曾讲到，从领导角度看，对一个材料的评价，大概包括三个层次：写得像、写得是、写得好。

所谓"写得像"，就是基本体例、内容对路子，但总感觉空荡荡的，或者站位不够高，或者视野不够开，或者业务不够透……

所谓"写得是"，就是中规中矩，基本能够应对各种需要，但亮点不够足，感觉还差点意思。

所谓"写得好"，那就是事研究得透，上情下情内情外情均可兼顾；人研究得透，写出了领导这个位置该说的，写进了听的具体对象心坎里；景研究得透，契合时间背景，不早不晚这个时候说最合适，契合场合背景，天气、会场均兼顾到位。

那么，这里面最基本的就是深度研究事。

这项工作，不能仅仅依靠现调度现提炼。要想写得有深度、有厚度、有广度、有温度，能够兼顾上情、下情、内情、外情，就必须把功夫下在平时。

1. 备个笔记本，专记零散但重要的信息

比如，及时对《人民日报》中的好观点进行摘录。及时将各级重要材料中涉及业务的内容记录下来，记明具体标题、来源及具体话语。这样做的好处是能够将其中一句话一个词作为具体索引。如果哪天想查全文，可在文件库里或者通过百度搜索查阅。需要强调的是，尽量还是要当场精读，把最核心的内容记录下来。毕竟今天

不精读，很可能以后都不会再读了。

2. 建个词句库，摘录一些词句

这是基础阶段应做的功课，主要解决公文具体表述词句的问题。刚入门的读友，在这方面要多花些精力。这个就不多说了，愚拙编写的《机关公文常用词句集锦》和动态集锦解决的就是这个问题。总之，好记性不如烂笔头，把平时看到的好思想、好观点、好句子随手记下来，补充到自己的分类词句库中，关键时能达到出其不意的效果。

3. 建个文件夹，装有用的文章

这些文章，既可以是具体业务类的，也可以是共性方法论的，还可以是具体技巧方法。总之，要清楚自己当前和长远的需要，根据自己的需要选择存哪些文章，看哪些文章。总的原则是，存的文章必须是精读过或者至少半精读的文章，否则根本不清楚自己存了哪些文稿，用的时候也找不到，那样就没有意义了。

九、材料多和阅读间矛盾如何解决？

1. 勿尽求完美

不要每个材料都追求完美。除了领导班子尤其主要领导的讲话稿、各级领导关注的有关稿件需打磨推敲外，其他材料达到普通水平以上、不影响工作正常运转就可以了。

2. 把握好零碎间隙

与事务性工作多、零碎工作多的问题相对应，零碎时间也应该很多。比如，处理事务工作的间隙、拟写零碎材料的间隙等。任务与任务间，几分钟、十几分钟的间隙，应该很多。

如果精力实在不允许,也要劳逸结合,就不要见缝插针了。以愚拙为例,一般情况下,坚持《人民日报》等报刊每日必读,实际上有时遇到急难险重任务,可能五六天都没有时间和精力坐下来读报。但一旦完成这些大的任务,就会赶紧把课补上。

有零碎间隙时,均可以用于泛读。

一是可以泛读报刊。打开网络,看《人民日报》、当地日报等报纸的电子版,一眼一个版面,迅速跳跃式扫标题,感兴趣的就点开看看,不感兴趣的就跳过。和自身业务相关的重点看看,和共性思维方法相关的重点看看,理论版和评论版一些精彩文章重点看看。如果时间太紧,就把感兴趣的复制粘贴出来,留待时间充裕时看,但别拖到一周后。具体操作,已在前面详述。

二是可以泛读"学习强国"等政务学习类APP,泛读公文写作类微信公众号。点击自身感兴趣的、当前需要的文章,跳跃式阅读。感兴趣的,要作以收藏,经常性读一读,最好拿出专门时间进行精读。最理想的状况是,泛读中发现好的文章,第一时间进行精读。如果时间精力不允许,就等到有整块时间时读。

大的任务结束后,通常会有半天、一天或者更长时间的调整期。这个时候不要闲着,要做好沉淀总结。这也是精读的好时机。要舍得花时间、花精力及时盘点沉淀战时经验教训,要舍得花时间、花精力主动打好一个个提前量。

把平时收藏的泛读过的东西拿出来,根据需要进行专题式精读。把之前同一主题或同一属性文章都摆出来,比较着学习,这样更有利于研究同类文章的共性规律,启发共性思维。

比如,以抓落实为例,或者过几天可能要写抓落实的文章,或者最近对抓落实有些思考,或者偶然看到了一篇抓落实的文章,想起自己之前收藏了好几篇同主题文章,那就把它们挑出来集中进行精读。精读无外乎是读文章立意、读谋篇布局、谋段落框架（小标题）、读语句运用（好词好句）。

精读的时候，一定要注意留痕，或者做笔记，或者专门汇总，愚拙所编的《机关公文常用词句集锦》就是精读的产物。

实战水平决定了精读水平，精读水平也体现了实战水平。初入行的新手，不妨多看看前人的解析版，再结合自身需要，逐步确定自身精读的侧重点。充分经过实战磨炼的老手，可以加快精读速度，根据当前工作所需所思，像寻求猎物式地快读，但也要及时把好东西储存下来固化下来，莫待用时方恨没存没记。有时进行专题性精读后，会对某个题目产生自己的观点，也可以写下来留着以后拟写讲话用，或者直接向报刊投稿。

总之，工作与工作间总有间隙。要多尝试见缝插针，抓零碎时间学习。有小间隙、有精力时，就多些海量泛读，这决定了我们的视野范围和材料广度。有大间隙、有精力时，就多些深度精读，这决定了我们的思维层次和材料深度。

第4节　合——分类萃与合，随时揣摩备用

"要"来、"搜"到、"读"过的材料，如何进行有效储存呢？愚拙在实战中的体会是，聚焦实战需要，按需分类储存、分类萃取、分类整合，汇聚出对实战参考价值大的材料库、材料集锦，能够看之即用、拿之即用。

一、材料储存分类方法有哪些？

心理学上有个概念叫"建构"。何为"建构"呢？说得简单点，就是对复杂的事物进行重组，按照一定的认知逻辑重新搭建体系。

干货素材也得"建构",根据自己的需要进行重新整理和再次加工。这个过程也是对材料熟悉的过程,对材料归类储存的过程,对模拟练习打提前量的过程。

仅仅收藏而不精读归类是没有用的,仅仅分享而不消化吸收也是没有用的。愚拙的分类是愚拙在写作实践中慢慢磨出来的,是符合愚拙目前认知和实践深度的,也将随着以后认识和实践的深化不断深化、精化、细化。也希望各位读友尽快"建构"起自己的资料库,那样写材料、找材料会更加得心应手。

信息时代,面对海量的素材,如何进行分类存储才更科学高效?其实,不同岗位面临不同方面、不同量级的素材,很难找到一个标准答案,主要还是根据具体需要。这里,愚拙同读者分享四个分类方法。

1. 按业务分类

国务院官网"政策"栏目中的"文件库"为两办综合人员提供了一个很好的按主题分类范例,共22类:

①国务院组织机构;②综合政务;③国民经济管理、国有资产监管;④财政、金融、审计;⑤国土资源、能源;⑥农业、林业、水利;⑦工业、交通;⑧商贸、海关、旅游;⑨市场监管、安全生产监管;⑩城乡建设、环境保护;⑪科技、教育;⑫文化、广电、新闻出版;⑬卫生、体育;⑭人口与计划生育、妇女儿童工作;⑮劳动、人事、监察;⑯公安、安全、司法;⑰民政、扶贫、救灾;⑱民族、宗教;⑲对外事务;⑳港澳台侨工作;㉑国防;㉒其他。

此网站也是愚拙研究公文的一大法宝,对于一些拿不准、使用频次较低的文种,经常从中找遵循、找范例。

具体业务部门、处(科)室的同志,可找对口部、委、厅、局

的网站看看，基本能找到这些年来约定俗成的业务分类标准。按此分类，对收集到的资料分别进行电子建档和纸质建档，拟稿时研读上情、下情、内情、外情将会更加高效快捷。

2. 按词句、功能套件等分类

愚拙在泛读精读资料的存储实践中，逐步建立健全了素材分类方法，主要成果就是不定期在"出彩写作"公众号分享的"机关公文常用词句动态集锦"，目前共十一个专题：

第一专题为大手笔们关于写材料的心得体会，供读友翻阅沉淀；

第二专题为分类词句，分享最新修订的词句，供拟标题时发散思维参考；

第三专题为提纲标题，分享各类特色亮点小标题；

第四专题为文稿分类技巧、范例及剖析（实战），分类分享讲话稿、工作总结、工作汇报、工作信息、调研报告、会议纪要、工作报告等常用文种的技巧、范例及剖析；

第五专题为功能套件，汇总诸如开头、结尾、成果、问题、措施等常用套件范例，供深入研究公文套件机理参考；

第六、七专题分别为综合稿和党建稿分类内容，分享文中分类素材；

第八专题为基本功锤炼，分享素材怎么储备、平时读什么怎么读、公文写作逻辑等内容；

第九专题为经典系列专题研究分析；

第十专题为典籍素材，供提升文章历史厚度参考；

第十一专题为智能查询，供快速查阅本公众号精华参考，还可下载一键复制粘贴版的集锦脚本最新版。

除了动态集锦外，还有纸质脚本素材积累。这在上一节"如何保持源头活水"一文中已详述,这里不再赘述。

3. 按方法分类

愚拙一直尝试按照工作开展的逻辑进行词、句的具体分类。比如,四字词语从分类上,已基本涵盖到各类材料的共性方法论,目前共分40余类:成果类、领导类、形势类、调研类、群众类、谋划类、落实类、措施类、状态类、奋斗类、担当类、推进类、组织类、责任类、重点类、问题类、难点类、精准类、学习类、效率类、信念类、廉洁类、治党类、督查类、巡察类、综治类、市场类、理念类、军队类、做人类、评价类、表态类、地位类、天气类、改革类、创新类、信访类、团结类、宣传类、宣讲类、制度类等(具体可查阅本书下篇)。

再比如,语句方面,目前共分40余类:理念类、思想类、战略类、规划类、大局类、谋划类、领导类、调研类、部署类、落实类、实干类、状态类、担当类、责任类、创新类、试点类、问题导向类、难点类、重点类、学习类、改革类、督查类、检查类、制度类、法治类、资金类、团结类、民生类、信访类、人才类、安全生产类、宣传类、宣讲类、军队类、扶贫类、典型类、办公类、评价类、成果类、机构改革类等。(相较于词语,句子更新换代频率较高,本书中不作摘录。读友若想作以借鉴,可到"出彩写作"公众号中查阅)

以愚拙实践而言,持续将每日精读中发现的好东西补充进来,定期进行消化吸收、二次排序,对于增进干事创业的方法、提升科学务虚的能力也是一种锻炼和提升。能否不断优化完善素材库,每天不断补充新东西、好东西,也成了检验泛读精读质量的标志。

高质量的精读,就是要每天发现好思想、好方法、好词句,并及时记录下来,添加到自己建构的体系中。

这里要强调的是，学习也是有过程的。刚开始愚拙更多关注好词、好句，追求形式上的美，到后来更注重好思想、好方法，追求内容上的美。

事实上，当能够驾驭内容时，形式也不会太差。

4. 按功能分类

各类材料中，愚拙感觉最难写的是领导讲话。而在领导讲话中，复杂度最高、工作量最大、最需要密集动脑的就是工作报告了。

以愚拙几年来的积累、学习体会，对党代会报告、政府工作报告类材料，平时若如获至宝主动收集，多维比对精心研读，自"当"领导揣摩思维，结合实际总结规律……高质量深研此类文章百余篇，再结合实际有效训练磨砺，不难成为一个地区、一个部门的笔杆子！

前段时间，网上流行一个词语，叫"降维打击"，说一些明星参加直播卖货，是对网红直播的"降维打击"。

其实，在材料界也存在"降维打击"。如果能够驾驭难度高、复杂度大的文种，就可以轻松拟写其他难度相对小、复杂度相对低的材料，即便有时体例可能不是很熟悉。

在各类材料中，政府工作报告相对是难度最高、复杂度最大的。如果把这一文种搞清搞透，就不难驾驭政务信息、工作汇报、工作总结、党建材料、民主生活会发言、理论中心组发言、党课发言等材料了。

基于此，愚拙将大量的精读时间聚焦到了党的十九大报告、国务院政府工作报告、各省党代会报告、各省政府工作报告、部分县市政府工作报告中，并尝试按功能套件分类整理有关干货，目前主要分了十类：

一是主题；二是一级标题；三是成果标题；四是经验体会；五是存在问题；六是总体要求；七是主要预期目标；八是措施类小标题；九是每部分开头导语；十是末尾。（具体可到"出彩写作"动态集锦中查阅）

愚拙几乎每年都会将31个省市区的政府工作报告按以上十类摘取，进行比对研习。也建议各位读友参照整理。比如在市县工作，可收集研究省内各县市报告或全国排名靠前的先进市县报告，既可学习报告体例，又可对标学习先进思想、经验、举措。

其实，这些掰开揉碎、集中呈现的功能板块，不仅对于研究报告大有裨益，也可作为共性内容迁移到其他文种中。

比如，存在问题部分是各类材料中最难起草的部分之一，通过对比集中学习，可以揣摩用什么表述方式、说到什么程度为妥，有哪些规律性的共性特点、共性话语，又有哪些独特性值得研习，可以帮助我们切实按照问题导向，找准问题、找对思路、找实措施，达到以文辅政、以文鼎新的效果。

再比如，末尾部分，通过集中学习，可以归纳出末尾的五个方面特点（突出核心看齐意识、突出旗帜指导思想、突出干事精神状态、突出年度目标任务、突出重大事件节点），对于以后写末尾是一个很好的借鉴。

诸如此类，还有很多技巧方法，只有在广泛阅读、集中对比中，才能提炼出来。希望我们均养成收集报告、研究报告的习惯，早日"降维打击"任何材料！

二、如何汇集总结类小标题？

可从横向、纵向角度汇集。比如，从纵向上汇集本单位、本系统上级单位近几年重要材料的小标题，研究业务板块划分的历史沿

革、动态演变;从横向上汇集兄弟地区、兄弟部门有关材料的小标题,从中寻找借鉴。比如,汇集各地党代会报告、政府工作报告中有关小标题,借鉴各地顶级笔杆子们的智慧。

为作以示范,摘录31省(市、区)2019年政府工作报告中成效做法部分小标题,供大家研习参考。政府工作报告是精华中的精华,均由各省笔杆子们穷尽其智慧起草,其中有大量宝贵素材有待挖掘,有诸多宝贵经验有待揣摩。建议细细品味,一品成果性表述的共性特点,二品各省的个性化表述,三品能否对自身总结有所借鉴。

就本篇摘录的31省成效小标题而言,既有单句,又有多句,写法不一,精彩纷呈。其中,有11个省(市、区)分两组标题提炼,第一组均为成效性表述;第二组为做法部分,表述形态呈现多元化,单句、双句均有,成效型、做法型均有,在具体表述上也各有特点;有20个省(市、区)为一组标题,表述形态也是多种多样。具体请研习以下标题及愚拙的解析。

(1)北京

①城市总体规划全面实施,疏解整治促提升专项行动成效显著。

②营商环境明显改善,对外开放全方位扩大。

③全国科技创新中心加快建设,高精尖产业发展态势良好。

④生态环境保护持续加强,城市治理能力进一步提升。

⑤乡村振兴战略有力实施,精准扶贫脱贫持续发力。

⑥民生福祉不断改善,群众获得感进一步增强。

(解析:此组标题为双句,前后两句均为成效型表述,两句间存在因果等逻辑关系)

（2）天津

①全力落实京津冀协同发展重大国家战略。

②加快构建现代化经济体系。

③坚决打好三大攻坚战。

④持续深化改革扩大开放。

⑤大力实施乡村振兴战略。

⑥着力保障和改善民生。

（解析：此组标题为单句，做法型表述。通常在此之前有一段内容进行统领，对成效进行简要概括）

（3）河北

总体成效部分：

①经济发展稳中有进。

②产业结构更趋优化。

③生态环境明显好转。

④人民生活持续改善。

具体做法成效部分：

①"三件大事"扎实有效推进。

②供给侧结构性改革迈出新步伐。

③创新驱动发展成效显著。

④改革开放深化拓展。

⑤三大攻坚战取得阶段性成果。

⑥民生保障水平继续提高。

（解析：分两个部分提炼，前面提炼成效部分，后面提炼做法部分，亦是一种典型的成效部分写法。从形式上看，两组标题均为单句，前组为成效表述，后组也是成效表述。一般情况下，后组标

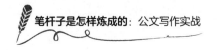

题用做法表述的多)

(4) 山西

①有效推动经济平稳增长。
②持续深化供给侧结构性改革。
③倾力推进转型发展。
④着力提高能源供给体系质量。
⑤大力拓展对外开放空间。
⑥扎实推进重点领域改革。
⑦稳步实施乡村振兴战略。
⑧扎实推进三大攻坚战。
⑨切实增进民生福祉。
⑩全面加强政府自身建设。

(解析:此组标题为单句,做法型表述,同以上第2组)

(5) 内蒙古

①坚持聚焦聚力、精准施策,全力打好三大攻坚战。
②坚持以供给侧结构性改革为主线,加快新旧动能接续转换。
③坚持农牧业农村牧区优先发展,乡村振兴战略实现良好开局。
④坚持深化改革扩大开放,激发经济社会发展活力。
⑤坚持以人民为中心的发展思想,持续保障和改善民生。
⑥坚持依法全面履行政府职能,努力提高政务服务水平。

(解析:此组标题为双句,前句为理念型表述,后句既有做法型表述,又有成效型表述)

（6）辽宁

①全省经济保持持续健康发展。

②三大攻坚战扎实推进。

③着力推进经济高质量发展。

④改革力度不断加大。

⑤对外开放全面扩大。

⑥五大区域发展战略稳步实施。

⑦人民生活不断改善。

⑧持续用力转变作风。

（解析：此组标题为单句，前面7句为成效型表述，第8句为做法型表述）

（7）吉林

成效部分：

①经济增长稳中有进。

②质量效益稳中向好。

③营商环境稳中优化。

④开放合作稳中突破。

⑤人民生活稳中提质。

做法部分：

①紧紧扭住高质量发展目标不动摇，千方百计稳定经济增长。

②紧紧扭住创新体制和区域合作不动摇，全面深化改革开放。

③紧紧扭住现代农业建设不动摇，推动实施乡村振兴战略。

④紧紧扭住补齐发展短板不动摇，坚决打好打赢"三大攻坚战"。

⑤紧紧扭住社会建设不动摇，不断提升人民群众获得感幸福感安全感。

⑥紧紧扭住政府职能转变不动摇，切实加强政府自身建设。

（解析：分两个部分提炼，同以上第3组。前组为单句，成效部分。后组为多句，做法部分，为"理念＋做法"型表述）

（8）黑龙江
①"三大攻坚战"扎实推进。
②现代农业发展迈出新步伐。
③供给侧结构性改革深入推进。
④产业结构调整升级取得新进展。
⑤体制机制改革取得重要突破。
⑥现代服务业持续发展。
⑦对外开放水平不断提高。
⑧一批标志性基础设施项目建成投用。
⑨人民生活不断得到改善。
（解析：此组标题为单句，均为成效型表述）

（9）上海
成效部分：
①经济平稳增长。
②经济结构、质量和效益持续向好。
③改革创新取得新突破。
④人民生活水平进一步提高。
⑤生态环境继续改善。
做法部分：
①坚定推进改革开放再出发，大力推动长三角更高质量一体化发展。

②加快建设"五个中心",全力打响"四大品牌"。

③着力完善民生制度,切实加强公共服务。

④全面实施乡村振兴战略,加强城市精细化管理、社会治理和生态环境保护。

⑤深入实施以"一网通办"为重要标志的"放管服"改革,全力优化营商环境。

(解析:分两个部分提炼。同以上第3、第7组。前组为单句,成效部分。后组为双句,总体为"做法+目标"型表述)

(10)江苏

①经济发展稳中有进。

②"三大攻坚战"成效显著。

③新动能不断发展壮大。

④城乡区域发展协调性增强。

⑤改革开放向纵深推进。

⑥人民群众获得感幸福感安全感持续增强。

(解析:此组标题为单句,均为成效型表述。同以上第8组)

(11)浙江

①着力抓改革促开放。

②着力打好三大攻坚战。

③着力强创新促转型。

④着力谋划推动"四大"建设。

⑤着力提升文化软实力。

⑥着力惠民生保平安。

⑦着力提高政府履职能力。

（解析：此组标题为单句，均为做法型表述。同以上第2、4组。唯一不同的是，第2、4组开头引领的副词呈现多样化，本组统一用"着力"）

（12）安徽

成效部分：

①经济运行总体平稳、稳中有进。

②科技创新实现重大突破。

③结构调整取得积极进展。

④脱贫攻坚连战连捷。

⑤生态环境质量明显改善。

⑥人民生活水平进一步提高。

做法部分：

①深入推进供给侧结构性改革，保持经济平稳健康发展。

②持续加强创新驱动，培育高质量发展新动能。

③大力实施乡村振兴和区域协调发展战略，提升发展整体效能。

④全面深化改革开放，持续增强发展动力活力。

⑤坚决打好三大攻坚战，全力抓重点补短板强弱项。

⑥着力加强社会建设，不断满足人民群众美好生活需要。

（解析：分两个部分提炼，同以上第3、7、9组。前组为单句，成效部分。后组为双句，做法部分，总体为"做法+目标"型表述）

（13）福建

①突出创新发展，供给体系质量明显提升。

②突出协调发展，城乡区域发展呈现新面貌。

③突出绿色发展,生态环境质量保持优良。

④突出开放发展,交流合作空间持续扩大。

⑤突出共享发展,人民群众获得感不断增强。

(解析:此组标题为双句,同以上第1组,为"理念+成效"型表述)

(14)江西

成效部分:

①经济运行总体平稳。

②质量效益明显提高。

③城乡环境稳步提升。

④人民生活持续改善。

做法部分:

①全力以赴打好三大攻坚战,发展步伐更为坚实。

②千方百计推动转型创新,经济运行更趋稳健。

③坚定不移深化改革开放,体制机制更具活力。

④加大力度统筹区域城乡,全域发展更加协调。

⑤持之以恒保障和改善民生,群众福祉更多增进。

⑥坚持不懈加强自身建设,政府效能更快提升。

(解析:分两个部分提炼,同以上第3、7、9、12组。前组为单句,成效部分。后组为双句,做法部分,总体为"做法+成效"型表述)

(15)山东

①扎实推进综合试验区建设,新旧动能转换开启新征程。

②扎实推进重大战略实施,城乡融合陆海统筹取得新进展。

③扎实推进"双招双引",改革开放迈上新台阶。

④扎实推进污染防治，生态建设见到新成效。

⑤扎实推进民生保障，人民群众获得感幸福感安全感实现新提升。

⑥扎实推进"一次办好"改革，政府自身建设呈现新气象。

（解析：此组标题为双句，同以上第1、13组，为"做法＋成效"型表述）

（16）河南

①牢固抓住关键环节，经济保持平稳增长。

②推进结构优化升级，发展质量效益提高。

③大力推进三大攻坚，努力补齐发展短板。

④深化改革开放创新，不断增强发展活力。

⑤加快推进城乡建设，促进城乡共同发展。

⑥切实保障改善民生，社会大局保持稳定。

（解析：此组标题为双句，同以上第1、13、15组，为"做法＋成效／目标"型表述）

（17）湖北

成效部分：

①经济运行稳中有进。

②三大攻坚战扎实推进。

③创新驱动提速前进。

④改革开放互促共进。

⑤民生福祉不断增进。

做法部分：

①聚焦聚力落实长江经济带发展战略。

②聚焦聚力推动高质量发展。
③聚焦聚力实施乡村振兴战略。
④聚焦聚力做好民生工作。
⑤聚焦聚力加强作风建设。

（解析：分两个部分提炼，同以上第3、7、9、12、14组。前组为单句，成效型表述。后组为单句，做法型表述）

（18）湖南
①实体经济不断壮大。
②产业结构持续优化。
③创新发展取得突破。
④改革开放继续深化。
⑤三大攻坚战成效明显。
⑥发展基础进一步夯实。
⑦民生水平大幅提升。
⑧精神文明和民主法治建设取得新进展。
⑨政府自身建设全面加强。

（解析：此组标题为单句，均为成效型表述，同以上第8、10组）

（19）广东
①认真贯彻落实中央宏观调控政策，全力做好稳就业、稳金融、稳外贸、稳外资、稳投资、稳预期各项工作，全省经济保持平稳健康发展。
②高标准推进粤港澳大湾区建设，自贸试验区体制机制创新取得重大进展，开放合作水平进一步提升。
③坚决落实打好三大攻坚战的重大任务，聚焦关键领域强力推

动,三年行动开局良好。

④深化供给侧结构性改革,制定出台一系列政策措施,支持实体经济发展的力度进一步加大。

⑤深入实施创新驱动发展战略,科技创新强省建设扎实推进,新旧动能加快转换。

⑥大力实施乡村振兴战略,加快解决农业农村突出问题,"三农"工作取得新成效。

⑦狠抓基础设施建设,"一核一带一区"发展格局加快推进,对口支援交流合作取得新进展。

⑧坚持以人民为中心,各项民生事业取得新成效,人民群众获得感幸福感安全感持续增强。

⑨以自我革命的勇气,深入推进重点领域改革攻坚,发展内生动力和活力不断增强。

(解析:此组标题为3句。第1句为总体理念/原则/做法/状态;第2句为具体措施/成效;第3句为成效。第2、3句存在因果、递进等逻辑关系)

(20)广西

成效部分:

①经济运行平稳健康。

②转型升级步伐加快。

③新兴动能加速成长。

④质量效益有新提升。

⑤生态优势更加巩固。

⑥人民生活持续改善。

做法部分:

①全力以赴稳增长、调结构。
②全力以赴打基础、强引擎。
③全力以赴促改革、扩开放。
④全力以赴抓环保、优生态。
⑤全力以赴提效能、防风险。
⑥全力以赴攻脱贫、惠民生。

（解析：分两个部分提炼，同以上第3、7、9、12、14、17组。两句均为单句，前组为成效型表述，后组为做法型表述）

（21）海南
①全面启动自贸试验区建设，海南迎来历史发展新机遇。
②主动转型调整经济结构，发展质量效益得到新提升。
③努力践行绿水青山就是金山银山的理念，生态文明建设迈出新步伐。
④始终坚持以人民为中心的发展思想，社会民生事业发展取得新成效。
⑤以提高执行力为抓手，政府自身建设呈现新气象。

（解析：此组标题为双句，同以上第1、13、15、16组，为"措施/思路/理念/思想+成效"型表述）

（22）重庆
①抓重点补短板强弱项，"三大攻坚战"开局良好。
②着眼长远突出三年，"八项行动计划"有序展开。
③突出大数据智能化，产业转型升级取得新进展。
④深化改革开放创新，发展动能转换迈出新步伐。
⑤统筹抓好乡村振兴和城市提升，城乡融合发展呈现新气象。

⑥推进生态优先绿色发展,环境质量实现新改善。

⑦强化惠民生兜底线,人民群众获得感有了新提升。

(解析:此组标题为双句,同以上第1、13、15、16、21组,为"措施/思路/理念+成效"型表述)

(23)四川

①一年来,我们深入学习贯彻习近平总书记对四川工作系列重要指示精神,四川发展的方向和举措更加明确。

②一年来,我们坚持把发展作为第一要务,经济实力不断增强。

③一年来,我们全力以赴打好三大攻坚战,决胜全面小康的基础更加坚实。

④一年来,我们加快改革开放步伐,全社会创新活力持续增强。

⑤一年来,我们大力推动农业农村优先发展,乡村振兴战略实现良好开局。

⑥一年来,我们推动文化事业产业繁荣发展,群众美好生活的精神食粮更加丰富。

⑦一年来,我们切实保障改善民生,老百姓得到更多实惠。

⑧一年来,我们坚决践行绿水青山就是金山银山的发展理念,长江上游生态屏障加快构建。

⑨一年来,我们持之以恒加强政府自身建设,政府职能和作风进一步转变。

(解析:此组标题为3句。第1句是"一年来",有时可用"一是/二是/三是"等替换。第2句为做法/理念表述。第3句为成效表述)

（24）贵州

成效部分：

①经济增速继续领先。

②脱贫攻坚连战连捷。

③农村产业革命取得历史性突破。

④发展质量明显提升。

⑤大数据产业蓬勃发展。

⑥生态环境持续向好。

⑦民生福祉全面增进。

做法部分：

①坚持尽锐出战务求精准，超常规推进脱贫攻坚战。

②坚持调优结构加快转型，全方位推进供给侧结构性改革。

③坚持生态优先绿色发展，出重拳打好污染防治攻坚战。

④坚持补齐短板夯实基础，多渠道扩大有效投资。

⑤坚持深化改革扩大开放，下大力破除体制机制障碍。

⑥坚持尽力而为量力而行，多举措保障和改善民生。

⑦坚持积极稳妥统筹施策，出实招防范化解风险。

⑧坚持依法履职提升效能，严要求抓好政府自身建设。

（解析：分两个部分提炼，同以上第3、7、9、12、14、17、20组。前组为成效部分。后组为双句，为"总体原则/思路/理念＋措施"型表述）

（25）云南

成效部分：

①发展质量进一步提升。

②新动能正在加快形成。

③脱贫攻坚取得重大突破。
④生态环境保护力度空前。
⑤民生福祉不断改善。

做法部分：

①认真学习贯彻习近平新时代中国特色社会主义思想，不折不扣落实习近平总书记重要指示批示和党中央决策部署。

②坚持发展第一要务不动摇，全省经济平稳健康发展。

③坚决打好三大攻坚战，重点战役初战告捷。

④大力发展八大重点产业和打造世界一流"三张牌"，构建迭代产业体系初见成效。

⑤努力补齐基础设施短板，"五网"建设稳步推进。

⑥深化改革扩大开放，发展活力和动力明显增强。

⑦加快推进城乡协调发展，新型城镇化建设取得明显进展。

⑧着力保障和改善民生，全省各族人民得到更多实惠。

（解析：分两个部分提炼，同以上第3、7、9、12、14、17、20、24组。前组为成效部分。后组为双句，基本为"总体措施/思路/理念+成效"型表述）

（26）西藏

①坚持打好"三大攻坚战"。
②坚持改善人民生活。
③坚持推动高质量发展。
④坚持深化改革扩大开放。
⑤坚持生态文明建设。
⑥坚持区域协调发展。
⑦坚持维护社会大局稳定。

（解析：此组标题为单句，均为做法型表述。同以上第2、4、11组）

（27）陕西
①经济保持稳定增长。
②三大攻坚战扎实推进。
③发展新动能加快培育。
④改革开放迈出坚实步伐。
⑤民生保障水平不断提高。
⑥政府建设和治理创新取得新成效。
（解析：此组标题为单句，均为成效型表述。同以上第8、10、18组）

（28）甘肃
成效部分：
①经济运行走出低谷，实现了速度效益的同步增长。
②脱贫攻坚强力推进，取得了稳定减贫的阶段成效。
③生态产业开局起步，展现了绿色发展的良好态势。
④创新驱动成果丰硕，增强了经济发展的动力活力。
⑤开放带动走深走实，拓展了内联外引的广阔空间。
做法部分：
①以敢死拼命精神狠抓脱贫攻坚工作。
②持续推进生态保护和环境治理。
③集中力量培育发展十大生态产业。
④全力推动经济止滑回升。
⑤紧盯堵点难点深化改革。

⑥深度融入"一带一路"建设。

⑦用心用力保障改善民生。

⑧从严从实加强政府自身建设。

（解析：分两个部分提炼。同以上第3、7、9、12、14、17、20、24、25组。前组为成效部分，双句，递进关系。第1句为典型的成效型表述；第2句对成效进行定位。后组为单句，做法型表述）

（29）青海

①多措并举，新旧动能加快转换。

②标本兼治，生态保护建设成效明显。

③精准发力，三大攻坚战开局良好。

④强基固本，基础建设不断加强。

⑤立新除弊，发展环境持续优化。

⑥兜底提标，民生福祉稳步提升。

（解析：此组标题为双句，同以上第1、13、15、16、21、22组。第1组为总体原则／理念／措施／方法，第2句为成效型表述）

（30）宁夏

①重点工作在抓好大事要事中再上新台阶。

②经济转型在应对下行压力中取得新成效。

③城乡面貌在统筹协调发展中发生新变化。

④动力活力在推进改革开放中得到新增强。

⑤民生事业在补短板强弱项中实现新发展。

⑥政府效能在优作风抓落实中又有新提升。

（解析：此组标题为单句，均为成效型表述。同以上第8、

10、18、27组)

(31)新疆

成效部分:

①社会大局保持稳定。

②经济发展稳中有进。

③三大攻坚战开局良好。

④改革开放成效显著。

⑤人民生活持续改善。

做法部分:

①深入学习贯彻习近平新时代中国特色社会主义思想和党的十九大精神。

②聚焦总目标,保持社会大局稳定。

③聚焦总目标,推动经济平稳健康发展。

④聚焦总目标,打牢决胜三大攻坚战基础。

⑤聚焦总目标,着力推进三项重点工作。

⑥聚焦总目标,促进民族团结宗教和谐。

⑦聚焦总目标,着力保障和改善民生。

⑧聚焦总目标,促进社会全面发展进步。

(解析:分两个部分提炼。同以上第3、7、9、12、14、17、20、24、25、28组。前组为成效部分。后组总体为措施型表述)

以上是愚拙汇总的31省(市、区)2019年政府工作报告中成效做法部分小标题。通过汇集后的反复比较分析,相信读友们对拟制小标题的思维认识会有一个质的飞跃。平时多做此类汇集,多比较分析,掰开揉碎研习,必有助于快速练成一域一地的大笔杆子。

笔杆子是怎样炼成的：公文写作实战

第5节 练——沙场秋点兵，实战靶向储备

看来看去，若只看而不练，可能时间没少花，但大概率会眼高手低，难堪大用。神枪手是一颗颗子弹喂出来的，笔杆子是一篇篇材料练出来的。

材料任务来了后，应怎么练？第6章至第8章将进行详述。本节将重点研究，为更好更快完成以后的材料任务，平时应建的几个文稿模板。平时应有意识地把看到的各方面情况，有机提"练"成一个个随时能用上的模板。

若平时没有写材料的任务和体会，应怎么练？经常向媒体投稿，从发豆腐块文章练起！

一、建立几个文稿模板

根据需要，建立重要工作进展情况模板、重要数据模板、几个自选主题理论段落模板。

1.建立重要工作进展情况模板

一个地区、一个单位的工作可能千头万绪，但重点工作特别是列入当地党委政府、上级系统部门重点关注范围的并不多。

这些重点工作，可能是年度或阶段性重点任务，也可能是领导近期高度关注的任务，在领导讲话特别是政府（系统）工作报告中经常反复出现。

对于此类任务，要建立一个进展情况模板，里面既要有最新进展情况及做法，又要有必要的存在问题和下步措施、意见建议。

这个模板平时可根据情况，每月或每季度进行一次调度更新。

建立起这样一个常态化更新的模板后，可以动态研究工作、分

析工作，足以应对一些急难险重的材料任务。

比如，上级领导临时到单位听取情况汇报，就能够在模板基础上，半小时内拿出一份相对高质量的文稿。

愚拙每在五六月、十一十二月均会建立这样一个模板。首先在往年共性经验、当年个性特点基础上，形成一个模板框架。然后通过内网来件等渠道，紧盯相关领导、相关处室单位不同场合、不同用途的各类阶段性综合材料，第一时间要来研习，将其中有价值的内容融入模板中，始终确保模板在内容上的集大成。

这样的模板，帮助愚拙在应对急难险重材料时能够相对从容，可以将精力集中放在文稿的亮点打磨和辅政鼎新价值上。

2. 建立重要数据模板

司机记路，领导记数。作为一个成熟的笔杆子，应在平时养成收集数据、汇总数据、研究数据的习惯，最好是建立一个重要数据模板，并及时更新、补充，以备领导随时询问，以备情况随时被调，以防关键时刻一问三不知。

那么，哪些数据应纳入其中呢？可以重点考虑：各级领导普遍关切的，社会舆论高度关注的，重要材料经常出现的，年度指标任务具体涵盖的。

这些数据应追溯到何时呢？具体可以根据现实需要。短则三个年度，长则五个年度，以方便对比分析。

这些数据应从哪里获得呢？基本可从业务部门、处（科）室获取。关于动态的即时数据，可按统计周期节点，第一时间询问业务部门、处（科）室。

关于更多更细的数据，也可留意相关年鉴、统计公报、汇报、总结、研究报告、调查报告等。愚拙就有个习惯，遇到没怎么见过

但又有可能作为重要支撑的数据，就专门记录到一个本子上。如果具有共性参考价值，再适时补充到模板上。

每次更新数据模板后，若不涉密，建议多打印几份。办公桌放一份，手机里存一份，随身带一份，车里备一份，家里搁一份，以备随时随地随身使用。

3. 建立几个自主选题理论段落模板

名字可能听起来有些抽象，其实就是根据领导风格和近期储备，有意识地自选题目，按照"为什么—是什么—怎么办"的公文核心逻辑，自己酝酿写点小段落、小文章，以备随时套改后，用在领导讲话中的某个段落中。如此准备，既能有效节省成稿时间，又能提高文稿质量。

比如，愚拙的《机关公文常用词句集锦》，基本是自主选题后分类摘录备用的词、句。其中，通过一些类别进一步酝酿出了一些小段落、小文章，曾有效运用到领导讲话的段落中，甚至有的成熟后单独成稿，在媒体上刊发。

比如，在抓落实方面，愚拙曾通过各种渠道，搜集了大量讲话、评论材料。在此基础上，作了很多专题摘录。

在词语方面，摘录了：

尽锐出战，真践实履，实干为要，不弃微末，不舍寸功，不受虚言，不听浮术，不慕虚荣，不务虚功，不图虚名，务实重干，落在细上，落在小上，落在实上，撸起袖子，扑下身子，不采华名，不兴伪事，强化落地，吹糠见米，盯住主业，务实笃行，闻令而行，听令即行，立说立行，少说多干，真抓实干，实干兴省，实绩惠民，埋头苦干，求真务实，常抓不懈，持之以恒，一抓到底，抢先抓早，抓在日常，严在经常，横向到边，纵向到底，不留死角，绵绵用力，久久为功，一以贯之，善作善成，推动落实，重点落实，精准落实，深化落实，埋头真抓，撸袖实干。

在语句方面，也作了很多摘录，此处就不展开了。

之后，在边读、边悟、边结合实际思考的过程中，逐渐酝酿出一篇关于抓落实的自主选题模板：

厘清抓落实的三个关键问题

党的十八大以来，习近平总书记作出"一分部署，九分落实""崇尚实干、狠抓落实"等一系列关于抓落实的重要论述。对党政机关各级工作人员讲，所谓抓落实就是确保中央的理论路线、方针政策和各级党委政府、职能部门的具体部署得以全面贯彻执行。在具体工作实践中，要真正抓好落实，需厘清三个关键问题。

一、明确"为何抓"，厘清抓落实的意义。为政之道，贵在落实。抓落实是成事之基、发展之本，是我们党的优良传统，是一切工作和事业成败的根本路径。能否抓好落实，从宏观上讲，直接关系着"两个一百年"奋斗目标和中华民族伟大复兴中国梦能否实现；从中观上讲，直接关系着各级党委政府工作部署能否完成，各级部门工作职能能否履行；从微观上讲，直接关系着每名工作人员具体任务能否完成，人民群众日益增长的物质文化需求能否不断满足。只有以抓铁有痕、踏石留印的实干劲头抓好落实，才能上下联动，在宏观、中观和微观层面上都取得胜利。

二、明确"抓什么"，厘清抓落实的内容。各级工作人员在履行岗位职能、开展具体工作时，应放眼全局、着眼大局，时刻保持对涉及领域的敏感性，全面、准确、动态把握各项工作的来龙去脉、内涵外延及具体要求，既要创造性、高质量完成常规性、事务性工作任务，又要前瞻性、高站位谋划落实最新指示精神。具体谋划落实的内容范围包括：中央理论路线、方针政策、重大决策部署及相关指示要求；各级党委政府决策部署及相关指示要求；各上级职能部门重点工作任务及相关指示要求；部门内各级领导具体部署；岗位职责范围内人民群众的物质文化需求；工作实践中遇到的新情况新问题。

三、明确"如何抓"，厘清抓落实的路径。各级工作人员要立足职能职责，对各级决策部署进行系统考量、统筹谋划、全程落实。要在"落"字上下功夫、动真章，将"抓落实"的落点放到调研、规划、执行、督导、评价和提升能力的全过程中。要在"实"字上拿招法、求突破，将"抓落实"的目标锁定在办实事、求实效、出实绩上，而不是简单的以会议落实会议、以文件落实文件、以讲话落实讲话。一是将深入调研作为抓落实的前提。要创新调研方式方法，在开展某项工作前，一方面利用信息化技术，广泛占有资料，翔实掌握国家、各省市及本地本单位相关经验做法及工作动态，一方面要俯下身、沉下心，深入基层开展调查研究，掌握第一手资料，向群众问计问策。二是将制定规划作为抓落实的基础。一方面制定着眼长远的发展规划，一方面科学进行责任分解，厘清责任链条，提高履责效能，把目标任务分解到部门、具体到项目、落实到岗位、量化到个人，以责任制促落实、以责任制保成效，形成一级抓一级、层层抓落实的工作局面。三是将马上就办作为抓落实的根本。对工作有热情有劲头有韧性，讲实效讲担当讲长远，敢于闻风而动、雷厉风行、紧抓快办，敢于挑重担、敢为天下先，一锤接着一锤敲、一步一个脚印走，将工作抓细抓实抓具体。四是将强化督导作为抓落实的关键。要建立完善巡视督查制度、信息反馈制度、情况通报制度，及时督促落实进展情况，及时发现典型、总结经验、查找差距、鞭策后进、提出建议。要健全问责机制，坚持有责必问、问责必严，把监督检查、目标考核、责任追究有机结合起来，形成抓落实的强大推动力。五是将科学评价作为抓落实的保障。要制定强有力的考核评价机制，把工作落实与政绩考核、干部选拔任用结合起来，对干部干与不干、干好干坏、干多干少要有明确的区分和奖惩，让想干事的人能干事、能干事的人干成事、干成事的人不出事，努力营造崇尚实干、恪尽职守、勇于奉献的工作氛围。六是将提升能力作为抓落实的动力。能力水平直接影响着落实效果。工作人员要把提升能力作为抓好落实、干好工作的根本动力，紧密结合岗位职责和工作实践，学理论、学业务、学知识、学技能，提升科学思维能力、统筹协调能力、解决问题能力、改革创新能力，切实提升工作水平。

这篇模板中的一些观点、段落、语句，后来用到了很多讲话材料中，有的语句甚至原封不动地进行了摘录。用的时候，既大胆又坦然，毕竟逐字逐句是自己拟写的。质量上，也比现学现写要高得多，确保了总体质效。

在此也建议读友们，根据当前需要，广泛积累素材，悉心揣摩酝酿，确定研究题目，充分格物致知，搭框形成文章，以备不时之需。

二、如何向刊物投稿？

经常练练笔，向有关刊物投投稿，发点豆腐块文章，既能赚些稿费，又能获得对业务和材料的认同感，岂不两全其美？

那么，如何顺利向刊物投稿呢？

1. 找准要投稿的平台

结合具体单位具体岗位，梳理一下适合投稿刊物平台，建议尽量选择本行业本系统的，采用率会更高一些。

2. 找准要投稿的种类

根据确定的刊物平台，每一类至少找一期。要坚持从头到尾读完，找准要投稿的具体种类。结合自身储备和思考，确定是信息稿、通讯稿、言论稿、调研报告，还是其他文种，具体体例如何。

拟写有深度的信息稿，可以投向所属行业部门的报刊、上级的信息载体。既能得到单位同事的认可，又能赚点儿稿费。

拟写言论稿，可以向报刊投。所谓言论稿，也就是我们常在报刊上看到的时评、评论。这里重点介绍言论稿的基本体例。总体看，言论切口小，从热点谈起，基本离不开这么几个思维：表述现象或事件—讲意义（好事）或危害（坏事）—好事讲不足（坏事讲原因）—下步对策。其实，有的言论也不拘泥于此思维，多研究不同思维也是很有乐趣的一件事。

写得成熟了，也可以向一些写作专业期刊投，向着体制内大笔杆子迈进。沉淀到位时还能出专著，讲课，获得一定的劳务报酬，让自己的小日子过得相对舒适些。

3. 做好选题和业务梳理

投稿的平台和种类确定后，结合近几期的相关热点和自身的工作岗位，进行广泛阅读。在阅读中，注意做好选题。先逼迫自己在最短时间内确定 5~10 个题目。围绕这些题目，深度研究业务，广泛梳理上情、下情、内情、外情，在梳理中搞清搞透历史沿革、发展现状、存在问题、对策建议及理论动态。在深入梳理中逐步缩小光圈，在缩小光圈的过程中通常会产生更细致、更新颖的立意方向。

4. 列提纲写稿子

在深度阅读和深度思考中，可能有了相对成熟的立意。下步就是拉出提纲，寻找支撑，补充素材，圆润打磨，形成稿子。稿子尽量在风格上与目标平台相一致,这样能够大大提升采用率。如果可能的话,找到编辑寻求指导,那样被采用的概率将会更高。

最后,某种程度上讲,稿子不是写出来的,是深度研究深度思考出来的。在写稿的道路上,通过跟领导接触,跟同事接触,跟全国各地的高手接触,还能开拓视野,或许还能磨炼出随时可以离开体制内的生存技能。

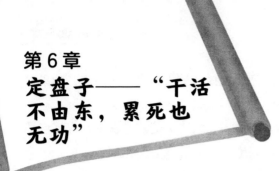

第6章
定盘子——"干活不由东,累死也无功"

在接到写作任务时,通常我们要综合谁讲、谁听、什么场合讲等因素,定下材料聚焦于解决什么问题,总体是什么调子,大致分为哪几个部分,对当前成效怎么总体评价、形势怎么总体判断、目标措施怎么研究制定。同时,要搞清材料多大篇幅,大致什么体例,什么时候提交等基本问题。一般情况下,以上这些就是需要提前敲定的基本盘子。

俗话说:"干活不由东,累死也无功。"在敲定盘子的过程中,亟须去做的就是站在领导角度,研究领导意图。这就需要我们平时养成研究领导风格、领导意图、领导能力、领导艺术的习惯,以提升战时文稿的过关率。

第1节 能否出彩,始自盘子!

"盘子敲得怎么样了?"这是材料老手们的常用问候语。

可以说,一篇材料是否合格,能否出彩,一方面要看落笔前盘子敲得怎样,一方面要看是否格物致知,把工作研究到了极致。关于格物致知,我们到第7章再深入探讨,以作为列提纲前的重中之重。本节我们重点探讨如何敲盘子,敲哪些盘子。

1. 捋清任务的来龙去脉

在接到材料任务之后，当务之急是弄明白这项任务的来龙去脉。这是材料能否对路的关键所在。

我们需要研究这个材料来源于哪一级单位，要追溯源头，即弄清楚是否来源于更高层级的单位。把相关通知、方案、批示、讲话等逐一进行研究和对比，弄明白其中的共性要求、个性要求。必要的话，尽量与直接上级单位通话，彻底搞清搞透具体意图。

2. 吃准领导的意图

写材料，既要把握好变量，又要把握好定量。

所谓"变量"，主要在意图。所谓"定量"，主要是对工作的深度研究。

写材料，难在意图把握，累在格物致知，贵在两者结合。

关于如何吃透领导意图，我们将在后面几节里重点讲解，这里不再多述。

3. 敲定材料的总体写法和素材支撑

通过领导提、大家谈、自己悟等多种方式，采取务虚与务实相结合的方式，对材料的调研方法、结构框架、主要基调、支撑素材、大致篇幅、起草人员、交稿时间进行酝酿和研究。

根据愚拙的实战经验，在总体盘子敲定前，需要大量地占有、消化各方面资料，边即时恶补，边酝酿思考。直至将材料的总体思路捋清，将重要的素材支撑兜好，将能够出彩的套路预设后，才正式动笔，启动列提纲等工序。

需要强调的是，大多数时候，盘子敲定和格物致知是相辅相成的。要想敲好盘子，就需要深进去，恶补相关政策文件，把工作搞清搞透，把领导意图搞清搞透。也只有敲好了盘子，才能将精力从

广而全地占有材料，集中到少而精地研读关键材料，缩小"格"的范围，提升"格"的效率。

在"敲"和"格"的过程中，要随时提醒自己，看看是否把工作研究透了，是否把领导意图研究透了，是否把总体路子研究透了，是否预设出能够首先打动自己的出彩亮点，是否能够辅政鼎新。如果都可以了，就能够从容进入文稿起草的下一环节！

第 2 节　"用户"体验第一！

一、如何赢得领导的认可？

1. 写好第一个稿子至关重要

如果第一仗打漂亮了，得到了领导认可，就能够增加彼此间的信任程度，可极大提升以后起草文稿的自信心。

反之，如果第一个材料没有拿出 100% 的精力和心思，以后可能就没有机会再写了。

在相互适应的阶段，一定要保持一颗谦卑、耐烦、敬畏的心，全面、准确、创造性地把握领导意图，写出领导满意的稿子。

2. 要多渠道把握领导意图

对于领导交代的文稿任务，特别是第一个文稿任务，能当面受命就当面受命，有批示的就去要批示，尽量有录音的就去要录音，有笔记的就去要笔记……

如果啥也没有，多问问受命的负责同志，尽量把领导意图完整全面地复原出来。弄清领导为啥要这个文稿，这个文稿要聚焦解决什么问题等。

如果是讲话稿，强烈建议在广泛调度调研、弄清基本情况、研究领导特点的前提下，先拉出不超过一页纸的写作提纲，简述大致思路，由大领导审定后再写。

3. 要多途径研究领导特点

或者询问领导原单位的朋友，或者上网查其公开发布的有关文章，或者从领导的专业背景、工作经历等方面，揣摩领导讲话稿的特点风格，特别是其思维习惯。

4. 把握不同类别文稿的应对策略

关于本单位例行类的会议、活动讲话材料，难度系数相对较小。如果领导没有特别交代，9分按历史惯例，1分穿插揣摩到的领导个人特点即可。

关于领导根据新情况新问题，临时性召开的会议讲话材料，难度系数相对较高。切记一定要吃透领导意图。在没有吃透领导意图的情况下，不要贸然动笔。

二、领导说的公文逻辑究竟是什么？

加班加点写出一篇讲话材料，信心满满地送到领导那里，却被批评没有任何逻辑性。有没有过类似体会？

下面，从一个具体拟稿者的角度，研究一下领导反复说的"逻辑"究竟是什么。

1. 领导意图逻辑

逻辑千千万，意图是关键。

日常工作中，要搜集梳理所服务领导的材料特点，动态调度其负责领域的工作进展，深度研究其精力聚焦点和兴趣关注点，为高质量完成各类常规性任务和临时紧急性任务打好提前量。

接到材料起草任务时,要迅速对照要求、利用自身储备、紧急调度调研,用最快的时间拟出初步的写作提纲并报领导审定。

领导面授机宜时,应及时拿笔记下领导意见,必要时甚至可以录音。如还对领导意图把握得不是很清楚,应及时询问,直至弄清弄懂。如对领导所说有不同意见,应及时提出,但注意表达方式和时机。一旦领导拍板,坚决无条件贯彻执行。

一旦领导对大的路子和方向拍板,基本就可以避免后续的推倒重来和大块调整,写起来也会思路清晰、得心应手。

如果时间非常紧急,自己又完全没有思路,也可直接向领导请示文稿的框架思路。但愚拙并不赞成这样做,向领导请示工作时,要尽量让其做选择题,而非填空题。

2. 工作内在逻辑

外行看热闹,内行看门道。任何一项业务工作都有其历史沿革、发展现状、存在问题、面临形势、下步措施。

日常工作中,要动态聚焦所服务领导负责领域各项工作的上情、下情、内情、外情、前情、后情,勤往具体负责单位跑,勤向具体负责人员问,勤把具体工作文件查,为以后能够全面、深度拟好有关材料做好储备。

要多研究工作的板块构成,这是拟写提纲、准确归堆的关键。总而言之,要想提纲列得全面准确,必须下力气深入研究业务。

3. 其他逻辑

唯物辩证逻辑,即要符合马克思主义哲学基本原理,包括认识论、实践论、矛盾论等。

文种体例逻辑,即要在平时多搜集研究各文种的基本体例、主要写法，要符合最基本的逻辑框架。比如，总结类材料主要是工作进展、存在问题和下步打算三步曲；专题讲话类材料主要围绕为什么（讲重要性）、是什么（讲具体干啥）、怎么办（讲具体怎么干）；评论类文章主要围绕是什么（以小见大引出话题）、为什么（正面的就讲重要性，负面的就讲危害性）、怎么办（讲对策）；民主生活会类材料主要围绕问题清单、原因剖析、整改措施。

段落结构逻辑，即各段各部分与主题是否相关，起承转合是否顺畅，布局是否合理。

语句逻辑，即主谓宾定状补是否运用得当。

形式逻辑，即概念、判断和推理运用的准确性。在公文写作实践中，主要是在内容归堆时概念上是否有交叉，在梳理总结时判断上是否够科学，在结论定性时推理上是否够严谨。

三、平时把握领导意图的渠道

关键在平时。平时如何动态把握领导意图呢？以愚拙的实战体会，主要是做好"七查"。

1. 查领导讲话

领导讲话是最能反映其意图的渠道。

如何才能系统、全面地搜齐领导同志的讲话稿呢？

首先要搞清本单位内部发表领导讲话的载体具体有哪些。

纸质版方面，可能通过内部情况通报、工作信息、会议材料等形式发表。平时要做好专门搜集储存，定期向办公室、政研室或牵头单位相关同志询要，建个专门的档案夹，做好储存登记，摆在文件柜或办公桌醒目位置，以便及时研习。

电子版方面，可能通过内网传输，平时要及时下载。有些因受众面窄等原因不上传内网的讲稿，定期向牵头单位询要。要建个专

门的文件夹,以便及时研习。

在研习过程中,如果有条件,不妨咨询执笔者:哪些部分是领导特意强调补充、修改的?在补充、修改时,具体是怎么说的?根据愚拙的体会,但凡领导强调补充和修改的,最能体现出领导当前的关注点。

需要强调的是,在传输、保存、研习过程中,必须严格遵守保密纪律,控制知悉范围。

2. 查领导批示

领导批示是最能直接反映其意图的渠道之一。

领导的批示,可以通过领导的秘书、办公室文秘及综合处室综合人员获得。

批示可能很多,涉及不同方面不同内容。因此,只询要与自身业务相关、与代拟材料相关、与大局工作相关、与共性要求及方法论相关的即可。

批示一般篇幅不长,建议遇到、搜到后,将内容和日期做个抄清,按照部门层级等进行分类整理储存。

愚拙身边的一位老政研室主任曾多次分享他之前一位同事的经验。老主任的同事,平时遇到不同层级领导的批示指示要求,就作分类整理,专门记在一个本子上。恰逢好几次上级领导到其单位调研,要听取相关情况汇报。在拟写汇报材料时,这个本子就成了能够对路、出彩的绝招,收到了非常好的效果,因为立意、布局均精准聚焦到了领导关切。

3. 查政务信息

政务信息可以反映出领导一个时期的工作关注点和着力点。

网络时代,搜寻领导政务信息不是一件难事,可以通过政务网站、公众号等获得。

政务信息稿通常经过了层层把关和领导审定，含有很多有价值的信息。可重点研读政务信息稿中领导（或会议）强调、指出、要求的具体内容，从中领会领导的思想，把握领导的思路，掌握领导的关注点和具体举措。

4. 查会议纪要

会议纪要可以反映出领导的关注点及举措部署。

具体可以通过办公室或牵头处室获得。

会议纪要中的观点，基本是根据领导讲话整理并由领导审定的，因此是研究领导意图相对直接且非常权威的一个渠道。

5. 查汇报材料

汇报材料，特别是向领导的领导汇报的措施类材料，通常由领导逐字逐句修改定稿，可以体现出领导集成式、系统化的思路举措。

具体可以通过办公室、政研室或牵头处室获得。要动态做好询要、收存、研习。既可从中把握大局工作，又可从中研究具体业务摆布。

6. 查领导审定的文件、方案等材料

对于专项工作而言，查一下领导审签后的文件、方案，可以把握领导的初衷、思考、举措等意图。

具体可以从相关综合处室、业务处室获取。

7. 查领导发布的言论等理论文章

言论等理论文章可以反映出领导的深层次思考，对深入研究领导的理念、思想大有裨益。

具体可以从相关报刊中获取。

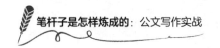

除了这"七查",把握领导意图的方式还有很多。对笔杆子来说,只有充分研究和运用,才能写进领导心里。

具体如何运用呢?一是将领导反复说的词、句有机地放到材料的小标题中,旗帜鲜明地亮出来。二是将领导反复说的思路举措有机地放到文章帽段中,旗帜鲜明地凸出来。三是将领导的理念思想有机地放到每个部分的导语中,旗帜鲜明地露出来。最佳的效果是,让领导感觉:这像是我的话!如此,你可以说:这就是您的话!

四、如何利用领导修改的花脸稿?

研究领导修改的花脸稿,是快速提升文字综合能力的捷径。

如何研究呢?

一是从中研究提升公文基本功。比如文种的基本体例、基本思维。

二是从中研究具体业务的动态进展和信息固化渠道。比如业务的上情、下情、内情、外情。

三是从中研究领导的意图思维。研究领导为何这么改,这么改有何好处,对以后日常储备和下次拟文有何借鉴,等等。

四是从中研究锤炼语言的基本功。比如主谓宾定状补的规范用法。

有的读友询问:"看着领导改材料,有种豁然开朗的感觉,但下次写同类型的材料时,又是自己的思维和格式,请问是哪一步没做好?"

依愚拙的体会,主要是以看热闹的心态看领导改,而没有通过及时悟、及时练,融成思维习惯和肌肉记忆。打个比方,看了一场NBA,感觉詹姆斯那个投篮真漂亮。但由于自身训练量不够甚至没有训练,没有去学、去试、去悟,只看而不练,结果终归就成了看热闹的。建议把领导改过的材料拿出来,集中看、集中悟、集中练。以后要形成良好习惯,领导改完后,要第一时间复盘、研习。时间长了,就能够逐渐把握领导的思维和意图了。

第3节 "受众"感受至上!

一、如何把握"受众"意图?

下面以汇报材料为例,研究如何把握"受众"意图。汇报材料是体制内经常接触的一个文种。由于其应用场合基本是面对面,因此需要准确把握住"受众"关注什么、想听什么。

愚拙曾根据安排,到外省参与一项工作考核,作为"受众",现场听取了该省省政府主要领导、4位县委主要领导和4位市委市政府主要领导汇报发言,收获和感触很大。结合自身搜集研究汇报材料、听别人汇报和以前自己拟汇报材料的经历,将实战体悟作以复盘。

第一,干活不由东,累死也无功!拟写汇报稿,一般有两个"东家"。一个是听汇报的"东家",或者是上级领导,或者是受上级组织委派的同志;一个是念汇报的"东家",可能是拟写者本人,也可能是拟写者的领导。

第二,领会第一个"东家"的意图至关重要!意图,一般体现在有关通知上,或者是纸质通知,或者是电话通知。如果是纸质通知,要就有关要求逐字逐句理解,因其极可能是上级部门从处员到处长到厅长逐级推敲把关过的。如有不明白不确定的,或者想进一步深入了解的,直接拨打通知上的电话,那往往是起草者的联系方式,他们是最清楚上级部门意图的。如果是电话通知,在记完有关

要求后，自己还应向来电同志重复一遍，看看理解是否到位。

第三，领会第二个"东家"的意图也很重要。如果平常非常熟悉领导分管的这块业务、领导的思路举措，不用磨叽，干就完了！速调度调研，速布局谋篇，速形成稿件。可以在干的间隙再行汇报。如果对业务和领导不太熟悉，在速补课学习调度的同时，多向领导请示汇报，多向周边经验丰富的老同志请教。

第四，对上的汇报，"傻瓜式"大白话式回答要比思路迸发抽象式书面式回答效果好得多。向当地党委政府汇报业务类工作，说大白话通常比说业务性语言要好。领导思维视角的宏观性和时间的稀缺性，决定了其更愿意听点大白话实在话。向上级行业部门领导汇报业务工作，说半白半行效果更好，不要轻易跟上级领导比专业性，他们见多识广、术业专攻，可能比我们研究深得多。因此，通知上有几条，原则上你就写几条，整体框架要遵循通知的内容要求。

第五，若时间非常紧急，或者想要有所创新和发挥，通知上的要素也应完完全全呈现。如果手里随时备着基本模板，或者近期向其他领导作过相关汇报，或者最近刚梳理过相关总结，当然可以拿过来就用。但用的时候，必须按照通知要求，掰开揉碎重组，按照这次领导的意图进行准备。即便想在小标题上、立意上有所创造发挥，达到轰动全场的效果，也应该完完全全体现出通知上要求的所有内容。因为听汇报的领导，从坐下时，就带着自己的问题，来读你的稿子了。不要沉浸在自己的创造世界里，要走进领导想听的世界里。

第六，汇报时间跨度一定要准确无误，搞清是多年度还是本年度。

第七，汇报的开头，除了必要的欢迎语句外，应有对本地区本单位的简要介绍，比如省情县情，比如历史沿革。

第八，汇报典型经验应能够可借鉴、可复制、可推广，汇报问题应根据领导需要决定谈共性问题还是谈个性问题，谈创新担当发展中的问题，还是落实中遇到的新情况新问题。

第九，要以观点统率材料，在说全、说透、说系统的基础上，提炼出本质规律，让领导短时间内听清楚来龙去脉，听清楚做法、经验、问题，方便领导决策。

第十，如果多人向同一位同一批领导汇报，要注意提炼的特殊性。如果一人向多位领导同时汇报，应在拟写汇报时兼顾不同领导的业务分管范围。必要时，除了主汇报件，还应该结合不同的分管范围，调度拟写若干专项汇报，作为主汇报的附件，形成1+N汇报材料。如有需要上级领导支持关注的，可一并拟好有关材料，这也是争取项目、资金支持的好机会，要充分利用。

第十一，磨刀不误砍柴工，要想汇报出彩，平时工作干得好是关键之关键。平常要吃透上情下情内情外情，创造性地把工作干到极致，并随时关注工作动向，及时搜集整理有关进展情况，形成一个模板，隔一两周就主动更新一次，在推动工作的同时，也能随时应对各种"遭遇战"！

二、文稿中，如何同"受众"互动？

下面以致辞为例，研究如何同受众互动。

致辞，和其他公文材料一样，也是需要深度研究事、深度研究人、深度研究景的。关于事，既要上下内外四情全部吃透，但又不能着墨太多太专。关于人，无论是致谢，还是请求、希望，最理想的状态是，文稿中均有"互动"，要青春灵动一些。关于景，要融入此情此景，要体现出阶段性背景。

愚拙曾受命起草过一篇致辞，参会者有700多人，主要是各地

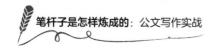

的领导、专家学者、企业家。在综合了解各方面情况后，进行了文稿起草。最后，文稿得到用稿领导的充分认可，同受众作了较好互动。文稿具体如下：

在2019××湖人才论坛上的致辞

尊敬的各位领导、各位专家、各位来宾，女士们、先生们，朋友们：

大家上午好！昨天，700多名来自省内外的领导、专家学者、企业家如约而至，来到美丽的××湖畔，为××湖生态旅游发展把脉会诊，为新时代×××全面振兴全方位振兴建言献策。我受×××同志委托，代表××省××系统，热烈欢迎大家的到来，衷心感谢大家的支持！

人才兴，事业兴。11个月前，习近平总书记在视察××湖时，作出了"绿水青山、冰天雪地都是金山银山，生态保护和发展生态旅游相得益彰"的重要论述，并紧接着在深入推进×××振兴座谈会上强调，"要多方面采取措施，创造拴心留人的条件，让各类人才安心、安身、安业"。××省委省政府历来高度重视人才工作，认真落实习近平总书记和党中央国务院关于人才工作的决策部署，不断优化完善人才政策体系，2018年以来出台了"人才18条政策"等一系列含金量较高的政策。尤其是今年，为着力解决人才关注度高的"配偶就业""子女入学""安家补贴""创业奖励"等问题，印发实施了人才18条政策"1+3"配套实施细则，为留才、稳才、引才提供了政策保障。总体上看，全省在吸引凝聚人才、激励激活人才创新创业、用足用好人才方面的导向作用正在显现，尊重知识、重视人才的氛围日益浓厚，人才环境日益改善。

当前，×××正处在滚石上山、爬坡过坎的关键期，亟待聚天下英才促×××振兴。作为政府人才工作的牵头责任部门，×××部门要以习近平新时代中国特色社会主义思想为指导，在省委省政府的正确领导下，在省人才办的具体指导下，以此次××湖人才论坛为重要契机和有益尝试，积极主动作为，进一步做好全省人才工作。一是积极落实人才政策，优化人才环境。要全面落实党中央国务院和省委省政府关于人才工作的各项决策部署，加快政策落地，着力做好待遇留人、感情留人、环境留人、事业留人，进一步营造拴心留人的人才环境。二是创新人才工作举措，激发人才活力。要聚焦服务×××老工业基地振兴发展和"一主六双"产业空间布局规划实施，创新人才发现、选拔、评价、管理服务等工作举措，推动人才与企业深度融合、人才与产业同频共振。三是营造社会舆论氛围，形成工作合力。要大力宣传人才典型事迹和精神，充分发挥示范引领效应。希望各级各部门和社会各界，更加关心人才工作，支持人才在科技创新、成果转化、人才培养、决策咨询等方面发挥作用，带动全社会为走出振兴发展新路不懈奋斗。

今天，令人无比欣喜、无比振奋的是，来了很多省内外的著名专家学者、企业家。我借这个机会，有三点希望与大家共勉。

一是当好助力××湖生态旅游发展、×××新一轮振兴的践行者。×××新一轮振兴发展充满着各种机会，×××的营商环境和居住环境正越来越好。大家都是全国领域各行各业的翘楚，衷心希望大家把××湖、把×××、把×××作为投资创业、研发创新的重要基地，开坛讲学、兴办公益的重要平台，同我们一起共谋新时代×××全面振兴、全方位振兴的大业。

二是当好助力××湖生态旅游发展、×××新一轮振兴的参谋者。当前，×××经济运行总体保持平稳态势，但也有很多体制机制问题亟须解决，有很多潜力能够挖掘。大家格局高、视野宽、

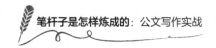

思维活,可能对有关问题都有独到见解。衷心希望各位专家学者、企业家,与我们美丽的×××、×××、×××建立更密切的联系机制,今后为×××各项事业发展特别是人才工作多提宝贵意见、共谋发展大计,共同推动全省人才事业不断取得新进步。

三是当好助力××湖生态旅游发展、×××新一轮振兴的宣传者。大家联系广泛、人脉宽广,希望在不同场合多宣传××湖、多推介××湖,让更多人关注××湖、了解××湖、走进××湖,把×××最美好的地方、把×××平稳发展的态势推介出来,进一步汇聚起新时代×××全面振兴全方位振兴的强大力量。

最后,对策划召开本届论坛的×××市委、市政府以及各成员单位表示衷心感谢!向你们道一声辛苦了!

从结构上看,这篇致辞的前面部分介绍了有关工作情况,后面部分提出了三点希望。在起草的过程中,结合会议主题、内容及具体省情、地情,就把握受众特点方面,愚拙重点作了六个方面的研究。一是参会人员数量、职业、区域等情况。二是他们擅长做什么?三是我们需要他们做什么?四是我们能够提供什么?五是如何巩固联系,搭建平台?六是如何通过这篇稿子进行推动,达到以文辅政鼎新效果?在研究中,我不断脑补会场上相关情景,将深度研究事、人、景有机融合在一起。总体上看,这篇稿子基本达到预期目标,尤其是文中的三点希望,同活动特邀的专家学者、企业家等受众作了较好互动。

就这次起草致辞,我也及时作了复盘。

第一,对具体情况的深度把握是基础之基础。要把活动开展的背景因由、主题内容、流程步骤、参加人员等涉及有关工作的上情下情内情外情前情后情彻底搞清楚。这是拟写致辞的基础要件。回顾几次领导几乎一字未改的稿子,无疑都是对情况研究把握比较透的。审视一些被大改的稿子,对情况的把握是缺维度的,要么上情没吃透,要么内情没兜全,要么外情没借鉴。

第二,对同一类致辞体例和篇幅的充分认知是不出格的前提。动手之前,搜索七八篇类似致辞,确保写得像、写得是,写得对路。比如,上面分享的这篇致辞,就沾了平时搜集储备的光,直接受平时收集整理的一篇致辞范文启发,酝酿出了骨架。

第三,对领导思维习惯的研究程度以及在文稿中的体现程度,决定了稿子是否被毙掉或被大修。有的领导喜欢大气厚重,有的领导喜欢灵动活泼,有的领导喜欢逻辑严密……这需要我们平时多搜集、研究不同领导的公开讲话文稿,特别是修改花脸稿,因为它直接体现了领导的思维特质。如果有机会,建议深度介入大型会事文稿的起草中,直接跟着领导,共同经历立意产生、框架研究及推稿子、改稿子的过程。对研究领导个性思维、共性思维而言,这是短时间内迅速成长的重要契机。对于陌生领导,特别是上级单位的陌生领导,要迅速做功课,查上级单位的相关政策文件,查领导的相关讲话、批示指示、工作信息,先找到当领导的感觉,再去写。

第四,站位适宜很重要。对于致辞而言,政治站位要高,工作站位要适中。在稿子中,无论是提要求还是提希望,既要从大局着眼,又要从合适的角度说起。要弄明白讲者究竟代表谁,这决定了提要求的范围。如果代表本部门,就不能对其他部门提指令性要求,而只能提希望。

第五,受众意识很必要。这也是本节重点研究的内容。关于致辞,最让人担忧的情形是:上面"尬聊",下面懵圈;上面看似慷慨激昂,下面听着不知所云。拟写致辞,一定要深入研究都有哪些人参与活动，拟稿时要增加"互动"性话语，可以提要求，可以作承诺，可以多请教，让其听得明白，听得亲切，让其有存在感。

第4节　实战复盘

一、一次代拟省长讲话稿复盘

愚拙曾接到一项任务，代拟一份省长关于某项业务的座谈会讲话提纲。虽说是为办公厅综合一处提供素材，但愚拙对自身的一贯要求是：材料无大小，凡写必精品。因水平问题，达不到领导对"精品"的要求没有关系；但因态度问题，粗制滥造、敷衍了事，却是连自己的内心都过不去的。只要让愚拙去写，必须要研人研事研出高境界，入情入景融入真场景，必须要写到令领导满意。

坦白讲，接到这个任务，愚拙很焦虑。一方面，在这项业务的储备方面存在短板，上情下情内情外情储备不够充足；另一方面，虽基本可胜任代拟厅领导讲话，并储备了各省省长的很多讲话材料，但毕竟缺乏相关体会经历。一是对省长关于全省工作谋划摆布缺乏系统认知，二是对省长关于这项工作在当前全省经济社会发展大局的定位及具体思路缺乏系统认知，三是对省长关于这项工作同高质量发展、思想大解放、民营企业发展等重点工作的关系缺乏系统认知，四是对跳出所在单位，站在全省高度看这项业务工作的内涵外延缺乏系统认知，五是对省长的逻辑思维特点及语言特点缺乏认知。

为解决这些问题，愚拙先到相关处室，调度调研了关于这项工作的进展情况、下步打算及省长在有关场合的发言材料（代拟稿、录音整理稿等），解决基本素材问题。查阅了文件柜、文件库中收藏的系列综合资料、业务专题材料，对这项业务工作的上情、下情、内情、外情再作进一步熟悉，从中酝酿文章的思路架构，提炼观点，储备必要的论据。

消化完这些素材后，愚拙登录省政府网站，把省长到我省工作以来所有政务活动的新闻通稿读了一遍，有关联、有启发的都作了摘录；百度搜索了省长到我省工作之前关于这项工作的论述；查阅了今年以来省政府所有来件，尤其对省长不同场合有关讲话进行了研读，内容、思维、语言方面，有关联、有启发、有借鉴的均作了摘录；查阅了总书记视察我省期间重要论述，省委省政府近一年以来的重要会事重要文件，以确保文章应有的站位、视野。

干完这些，已是深夜。虽然极为疲惫，但终于找到了一丝"当省长"的感觉。愚拙清醒地知道，有了这种感觉，才能拟得对路，才能拟得合格，才能做好一个称职的参谋。

基于以上工作，再回头审视综合一处的提纲，边领会消化，边谋篇布局，初步提出了修改完善的意见，并在同一处同志沟通确认、达成一致后，拟写了两级提纲，提炼了主要观点。思路敲定、提炼观点后，就剩下入情入景敲键盘了。

文稿拟完后，得到了厅领导的充分认可，当即指示可以报送。心里的一块石头终于落地！

二、主题教育材料定盘子过程复盘

愚拙曾受命在3天内起草主题教育方案、讲话和主持词三个材料，时间紧，任务重。加之近年来综合材料起草得多，党建、组工材料起草得少，对自身是相当大的挑战。

方案是时间表和路线图，是活动开展的关键。由于主题教育自上而下统一开展，因此，在方案的制订过程中，既要将各级规定动作体现得淋漓尽致，又要结合自身实际设计好自选动作。为了写好方案，愚拙查了5月31日以来全国各级各单位的数百篇新闻通稿，从中找外情找特色；研究了中央、省里的方案，从中吃透上情，找要件找遵循；研究了单位近半年的各类文件、总结材料，从中吃透内情，研究如何将规定动作和自选动作深度融合；研究了市县单位及服务对象相关信息，寻求地气。写方案，愚拙在搜集素材方面，占用了将近四分之三的时间。因为要想写得深入、专业，必须在调查研究上面花足够多的时间。

讲话是统一思想、形成共识、明确重点、组织领导的重要工具。写完方案后，身体特别疲惫，基本没有了战斗力。本该早点休息，第二天再攻关，但愚拙还是白天拿出提纲，逐级向领导汇报，把路子捋顺。晚上，再度研究之前搜集的素材，并扩大范围，看有没有更鲜活的素材。这里强烈推荐百度的"关键词site:gov.cn"搜索方法，那几天愚拙又增加了时间检索，将搜索范围进一步缩小为5月31日之后。每次变换不同关键词淘宝时，总会有更多的发现。搜索素材的过程，其实也是进一步捋路子的过程，捋架构捋思维捋表达，从宏观到中观到微观。其间，还要反复比对之前占有的素材、方案已制定的措施和单位的实际情况。捋得差不多的时候，已是凌晨，脑子里是昏涨的，心情是激动的。愚拙当时预计，第二天的白天就可提前完成任务。结果确实如此，愚拙第二天早上六七点到单位，一气呵成写到下午五点多，并用半小时写完主持词。

事后，这几个材料也得到了领导的充分肯定。

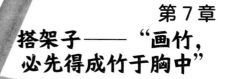

第 7 章 搭架子——"画竹,必先得成竹于胸中"

苏轼曾说"画竹,必先得成竹于胸中",意思是要想竹子画得快和好,必须首先做到成竹在胸,即在胸中对竹子总体轮廓及关键环节进行构思。这句话对我们起草文稿的启示是:要想材料写得快、写得像、写得好,就应在文稿总体盘子初步敲定后,进一步从上情、下情、内情、外情四个维度聚敛各方面情况,边汇集、边消化、边吸收、边酝酿,逐步勾勒出整个材料的框架,将相对虚的盘子变成相对实的提纲,确保成竹在胸后再动手写。

第 1 节 列提纲前的重中之重:深度研究事!

愚拙在前面同读友就材料的本质曾进行过探讨,所谓写材料,"就是深入提出问题、分析问题、解决问题的过程","具体到某一文稿任务,就是在深度研究工作、深度研究人的基础上,根据具体场合、背景的不同,用恰当的体例、方式通过文字形式予以呈现"。

在列提纲前,最重要的工作还是要深度研究"事",即"研究工作"。

全面梳理和研究的过程,是深度了解各方面情况的过程,既是通过"拉条子"酝酿提纲的重中之重,又是寻找支撑素材,使材料和提纲立得住的重中之重。

在第 5 章"磨刀子"中，愚拙曾分享过平时如何从上、下、内、外四个维度收集研究情况。这一节，我们聚焦到战时如何进一步梳理研究各方面情况上。

一、梳理上情，确保应有站位

对上情的掌握程度，决定了一个材料的下线，是材料是否有高度的关键体现。

如何梳理上情？

接到材料任务后，要赶紧查文、翻箱、倒柜，建个临时档案夹，把上情资料通通塞进去，随时备查。具体可以按照层级，采取由上到下捋的方式，到办公室查询有关收文，到网上搜索有关概念，到柜里查阅相关存货，捋清楚任务来龙去脉、各级领导相关要求、业务具体内涵外延等等。

以拟民主生活会发言材料为例，应梳理的上情材料包括：（1）中央、省委及本地区、本部门党委（组）关于召开民主生活会的通知、方案、讲话；（2）习近平总书记关于全面从严治党的系列论述，特别是考察本省市、本地区、本部门作出的重要指示精神；（3）中央、省委及本地区、本部门党委（组）巡视、巡察、"回头看"、督查、暗访反馈意见，特别是与民主生活会主题、内容相关的要求；（4）中央、省委及本地区、本部门党委（组）有关会议材料、有关领导论述，特别是与民主生活会主题相关的内容；（5）上级党委（组）领导在点评前期抓基层党建述职工作报告及有关组织生活会发言材料时的有关要求。

磨刀不误砍柴工，要把功夫下在平时。平时若养成动态储存研究前沿理论、最新资讯、典型经验的习惯，可大大提升战时质效。

二、梳理内情，确保集大成

内情是一个材料是否有个性、是否有针对性、是否务实的关键。如何梳理内情？

接到材料任务后，要赶紧调情况、搜资料，在电脑桌面新建一个文件夹，把内情资料通通装进去，随时备用。如果以前自己起草过类似材料，就建一个子文件夹，全部放进去；如果以前没有起草过，赶紧向相关单位、相关人员调度。先根据新要求进行临时调度，再问其把以前起草过的类似材料一并要来，并放在文件夹里，一并吃透消化，捋清前后关系，做到整理上的大集成，把成果兜全，把问题兜清，把措施兜明。

永远不要指望一次性能够完全调度清楚。刚开始起草时，自己可能对调什么、调到什么程度并没有清晰预期，即便有也可能在表达上不够到位。也不排除业务单位由于时间不够充分，临时提供的材料略显单薄。

因此，绝对不能依赖于临时性调度，不能仅仅进行简单的概括归纳提炼。要敢于综合一切现成的材料，查阅近年来能找到的系列综合材料，要么调动自身平时的储备，要么问具体单位要以前的相关材料。

拟稿者在综合形成材料后，非常有必要再去征求相关单位意见，以确保材料的集大成和自身理解的准确性。

以拟民主生活会发言材料为例，应梳理的内情材料包括：（1）本级党委（组）及组成支部党建方面的有关会议活动、文件讲话，比如：有本地本部门特色的民主生活会，政治建设、思想建设、组织建设、作风建设、纪律建设、制度建设方面的举措。（2）本级党委（组）及组成支部主要负责同志抓基层党建工作报

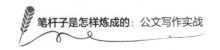

告等年度内党建综合材料。（3）对中央、省委及本地区、本部门党委（组）巡视、巡察、"回头看"、督查、暗访反馈意见的汇报总结材料。其中的一些须持续性开展的举措，可结合民主生活会主题及要求，作为一个方向，在其基础上进一步拟出更细更实的整改举措。（4）本级党委（组）近三年所有民主生活会有关对照检查发言材料、"回头看"总结材料，尤其是其中的问题清单部分。有些需要持续整改的问题，仍可结合新情况新要求，深度研究，提出新表象、新问题。

三、梳理下情，确保接地气

真正搞清"下"情，可使拟写的材料更接地气、更务实、更具操作性。

如何梳理下情？

接到材料任务后，要抓紧查信息、打电话、搞座谈，建个专项档案夹，把下情资料通通装进去，随时备用。

要建立并运用好自身了解下情的渠道，比如：平时多跟不同阶层、不同职业的人员聊天，战时跟涉及的典型代表通话，广泛听取意见建议；及时组织开展专项调查研究，召开座谈会；查阅相关工作信息。

毛主席曾给予调研报告《鲁忠才长征记》以高度肯定，在拟写按语中写道："这是一个用简洁文字反映实际情况的报告，高克林同志写的，值得大家学习。现在必须把那些'下笔千言、离题万里'的作风扫掉，把那些'夸夸其谈'扫掉，把那些主观主义、形式主义扫掉。高克林同志的这篇报告是在一个晚上开了一个三人的调查会之后写出的。他的调查会开得很好，他的报告也写得很好。我们需要的是这类东西，而不是那些千篇一律的'夸夸其谈'，而不是那些党八股。"其中的调研方法和文风，对于我们精准把握下情很有启发借鉴意义。

以拟民主生活会发言材料为例，应梳理的下情材料包括：（1）通过发意见征求表、召开座谈会等方式，围绕民主生活会主题及有关要求，广泛征求有关问题、意见建议。（2）从"下"级单位支部书记抓基层党建述职工作报告材料中找有关线索。（3）从对"下"级单位巡视巡察材料中找有关线索。

四、梳理外情，确保参谋辅政价值

外情决定了一个材料的上线。多储备研究"外"情资料，会在视野思维、务虚谋划、技法综合等方面如鱼得水。

如何梳理外情？看存货、广搜索、多通话，建个专项文件夹，把外情资料通通放进去，随时备用。

愚拙曾为了找到优质的外情资料，不断尝试变换搜索关键词，从百度搜索结果的前50页中，一篇篇点开查阅。其实，平时就应养成动态关注外情的习惯。把外情研究透了，也能够参到点子上、谋在关键处！

以拟民主生活会发言材料为例，应梳理的外情材料包括：（1）找主动收集的《人民日报》和《求是》《党建》《党建研究》等报刊杂志中相关理论性文章、领导讲话材料，集中扫一遍，把有启发借鉴意义的筛出来。（2）找电脑文件库、微信公众号里的存货，集中扫一遍，把有启发借鉴意义的打印出来。比如，"出彩写作"公众号在动态集锦中，既有问题表述类的共性表述，又有党建综合类的范文剖析、分类词句，可在拟标题、填内容时参考。（3）找找动笔快且框架布局已通过的兄弟部门、单位执笔人，问问思路框架。这是最直接省力的方式。但切忌照抄照搬、害人害己！

必须实事求是对照、认认真真查摆！

总之，在接到任务后，或者发动之前磨刀子的储备，或者现磨刀子，根据敲定的文稿总体盘子，从上情、下情、内情、外情四个维度汇聚起方方面面的素材，彻底搞清搞透各方面情况，是持续酝酿拟定提纲的关键步骤，也是拟出厚实材料的关键步骤。

第 2 节　列提纲前的基础要件：深度研究体！

在列提纲前，搞清体例结构是最基础的一项工作。愚拙在第 5 章"磨刀子"中，曾同读友分享"要结合自身常写或想学的体例，养成搜存范文的习惯"。在接到起草任务后，要通过揣摩存货范文，或者临时搜索揣摩，迅速搞清该文种的基本体例，研究好具体运用什么样的体例装上各方面情况和主要观点。

一、从权威范文中找体例遵循

在平时工作中，我们要潜心研究常用体例，将其研究到极致。很多时候，公文都是一通百通的，将三五个复杂的文种研究透后，会随之形成一种迁移能力，其他的文种现研究、现写也是来得及的。

可是，一旦遇到从未写过的文种，应怎么去写呢？或者虽然是熟悉的文种，但却是新部署的工作任务，选用什么样的框架体例最合适呢？

愚拙的实战经验是：广泛搜索权威范文，从上级范文中找基本体例遵循；从相近层级范文中，结合单位实际，酝酿具体框架结构。

找基本体例遵循，建议选用高层级单位的。因为一般情况下，越是高层级单位，其文章体例相对越规范、越靠谱、越权威。

在 15 种公文中，就有一些平时很少用到的文种。接到这样的起草任务，愚拙通常是按照从上往下捋的思路搜索权威范文：一是到中国政府网，查看党中央、国务院近期出台的关于该文种的文件；二是到相关部委、当地政府网站中，查看近期出台的该文种文件……最好找到 10 篇左右，研究其共性特点和个性差异，然后照猫画虎，确定好基本体例。

如果遇到 15 种公文以外的陌生文种，也要想方设法，或者发动存货资源，或者通过网络搜索，特别是之前提到的百度 site 搜索法，尽可能搜索足够多的相对高层次尤其是知名领导的相关范文，深入研究共性特点，确保首先在体例上不出现明显纰漏。

找具体框架结构遵循，建议选用相近层级单位的。因为一般情况下，越是相近单位，站位、视角越是接近，参考起来价值越大，甚至很多东西可以直接抄过来。具体可以打电话寻求支持，或在微信、QQ 等即时聊天工具里寻求支持。需要强调的是，千万别抄人家单位名字，重点是看人家的框架结构及素材支撑！至于具体如何"抄"，可以重点看第 8 章第 1 节。

二、工作报告、汇报和总结在体例上有何异同？

若各用一句话总结三者最大不同点：

工作报告可概括为"端庄专业年年见"；

工作汇报可概括为"灵活通俗天天见"；

工作总结可概括为"三段固定时时见"。

具体从以下四个方面作以说明。

1. 使用频次不同

工作报告"年年见"，一个地方/部门通常一年只有一次，比如政府/部门年度工作报告。

工作总结"月月见",最常见的是当地政府和上级部门定期要求报送的半年总结、年度总结。

工作汇报相对"天天见",最经典的句子是"早请示,晚汇报",上级部门领导督查巡察要"汇报",有关会议要专题"汇报"。

2. 主要受众不同

工作报告既面向参会代表,又面向社会大众。

工作总结主要面向各级不同领导,供其掌握情况和决策参考。

工作汇报主要面向督查巡察主体及有关会议参会人员。

3. 主要体例不同

工作报告通常包含主题、过去一年或多年工作回顾(又含工作成效、主要做法、经验体会、存在问题)、未来一年或多年工作建议(又含指导思想、奋斗目标、具体措施)。

工作汇报灵活多样,具体要"看人下菜"。

工作总结通常是三段式:过去一个阶段工作总结,存在主要问题,今后一个阶段工作打算。

4. 语言风格不同

因受众等不同,三者语言风格各异。

工作报告要做到专业性和大众化兼顾,亦专亦白,不同人群都能基本听懂。

工作汇报要通俗直白,能用最简单直白的话语把复杂的业务工作说清楚为佳。

工作总结通常专业性较强。

虽然工作总结、工作汇报、工作报告有很多不同点,但也有很多共同点,概括起来是"三喜三忌":喜提炼概括,忌流水账;喜上情下情内情外情掌握，忌抄袭敷衍；喜聚焦实际问题，忌拍脑门空谈。一定程度讲，三者都不是写出来的，而是摸出来的、研出来的、谋出来的。

三、如何做好总结类材料的提炼？

要想总结写得出彩，必须及早储备、尽快动手。

等上级来通知再写、领导布置后再写，往往时间非常紧张，能调度清楚、提炼明白就不错了，哪有时间考虑"面"上工作是否兜得足够全，"点"上亮点是否挖得足够多，问题是否看得足够透，措施是否理得足够清。

又哪有时间考虑不同层级不同领导对总结的差异化需求，以为其有效提炼、参谋决策。

要想在总结上出彩，愚拙的体会是：未领到任务时，就要通过各种渠道调度挖掘足够信息，可专题调度重点工作，可看看发文清单，可看看历次会议讨论资料，可看看信息载体……在此基础上，形成一个总结的基础稿，面上情况、点上亮点，都往里搭、往里填，不断补充完善。

等上级有要求、领导有要求时，根据不同需要，再从基础稿中个性化提炼设计，看"人"下菜。

——如果是为上级大材料提供素材，就要注重大局概括、亮点提炼，面上重点工作多讲成果，亮点工作多说措施。

——如果是直接为上级党委政府领导谋划工作而提供专题报告，总结部分以亮点措施带出成果，问题部分不要怕家丑外扬，说得越细越好，这既是坚持问题导向的体现，又是寻求领导工作支持的好机会，下步措施方面侧重务虚谋划、讲大事大方向即可。

——如果是报送系统上级部门参阅,就不用在小标题上费太多心思了,实实在在把情况兜清楚就好,总结部分以成果为主,问题部分要更细更深更透,措施方面要更加具体。报上级内行专家的稿子,区域个性化亮点成效举措要大篇幅多谈,共性内容以数字带成果,越简练越好。

——如果是系统内部年会和信息发布稿,措施和成效要兼顾,多提炼共性内容,多挖掘宣介可复制可推广的好做法。

关于具体的业务材料,建议运用本书中的写作方法,对具体业务进行精心调度、全面梳理、合理归纳,真正达到以文叙事、以文辅政、以文鼎新的效果。

这里,愚拙复盘一下自己拟写单位总结的具体流程:在动笔前,把各级新部署新要求作了梳理,把省委省政府领导的系列具体批示指示作了梳理,把厅领导的关注点、兴奋点作了梳理,把相关厅长专题会、党组会议题作了梳理,把近三年起草过的总结材料进行了复盘,把厅里的大材料(比如向书记省长汇报材料,向部长汇报材料,全系统全厅大会材料)进行了学习,把已有的初稿从头到尾读了两遍,把重点业务处室在不同场合的相关汇报材料作了梳理。**梳理的目的,就是充分研究上情下情内情外情,让最终的总结能够达到这么几个效果:梳理各级各项任务目标、各级领导关切任务完成进展情况;呈现厅里的创新思考、创新举措、亮点成效。**

一般情况下,只有做好精心调度、全面梳理、按需提炼,才能够写出一篇篇出彩的总结,真正达到以文叙事、以文辅政、以文鼎新的效果。

第3节 实战技巧

一、一稿过的诀窍：将领导反复说的放到提纲里

好的提纲，是对上情、下情、内情、外情的有效提炼，应将各方面情况的最大亮点提炼出来、放大开来。

愚拙在第6章"定盘子"中，曾分享：要把"领导反复说的词、句有机放到材料的小标题中，旗帜鲜明地亮出来"。这条经验适用面很广，讲话材料、汇报材料、总结材料等均适用。

有次愚拙参加党组会，随手记下了主要领导脱稿时讲的两个词语，大概意思是要让干部职工"有奔头""有干头"。会后，愚拙反复研究这两个词语，并将其提炼到代拟的单位总结材料、班子述职材料、党建发言材料等多种类型的多个材料提纲中凸显出来，有时前置作为状语，有时后置作为结果，比如提炼成"不折不扣落实全面从严治党各项要求，持续聚力打造'有奔头、有干头'的××干事创业环境"，均取得了较好效果，得到领导的充分认可。

这也启示我们，要充分利用面对面接触领导、现场聆听领导指示要求的机会，及时记录下其反复说或不经意说的词句，及时研究思考，以备提炼到将来一些文稿的提纲中。如果很难遇到现场接触的机会，也可以运用好在第6章"定盘子"中讲的"七查"，从领导的指示要求中寻找可放到提纲中的词句。

另外，我们也可以把这次实战复盘的体会作以迁移。

——在拟汇报材料时，把受众曾多次强调的要求提炼到提纲中，亦可增加通过率。

——在拟相关材料时，把内情、下情中的"自选动作"亮点提炼到提纲中，可让材料显得更接地气、更有新意。

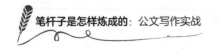

——在拟相关材料时，有效借鉴外情中的好经验、好做法，既增加了材料广度，又能体现出科学的工作方法、饱满的工作热情。

二、"性""感"法则

以之前拟过的一些讲话材料为案例，就其中一些套路作以挖掘、梳理和分享。

核心就是记住三个词、四个字，即："性""感""需要"。我们暂且概括为"性""感"法则。

乍听是不是又黄又暴力？实际上非但不黄，且非常实用。

首先，看愚拙之前拟写的一篇动员类讲话第一部分提纲。

提高站位、聚焦大局，准确把握面临的新形势新任务新要求：

一是深刻领会中央和省委要求，着力增强工作的政治性、战略性、前瞻性；

二是聚焦××全面振兴、全方位振兴，着力增强工作的主动性、针对性、实效性；

三是牢记"××工作为人民"的理念，着力提高人民群众获得感幸福感安全感。

通常，动员类讲话第一部分要讲道理，说清楚"为什么要干"。既可以从正面讲干的意义和必要性，又可以从反面讲不干的危害性，还可以结合时限等情况讲干的紧迫性。上面这个提纲，分别从上级精神、大局工作和自身职能三个层面讲道理，前两个用"性"串纲，第三个用"感"串纲，是对"性""感"法则的较好运用，也从正面把必要性说清了。

那么，关于"性"，都有哪些可用到动员类讲话中的呢？从脑海中现蹦出来的、集锦曾整理过的，有这些：

重要性、必要性、紧迫性、政治性、思想性、原则性、战略性、全局性、时代性、前瞻性、预见性、主动性、计划性、针对性、指导性、有效性、实效性、时效性、长期性、复杂性、艰巨性、自觉性、坚定性、民族性、积极性、创造性、可讲性、鼓动性、敏锐性、系统性、战斗性、精准性、高效性、普惠性、基础性、兜底性、经典性、源泉性、方向引领性、现实可行性、实践激励性……

关于"感"，暂时积累不多：

获得感、满足感、幸福感、安全感、喜悦感、胜利感、自豪感……

如果，感觉记这么多词实在脑壳痛，不妨看看"需要"用法。下面分享两组曾拟过的用"需要"的提纲。

提高站位，充分认识开展宣讲调研活动的重要性。

第一，开展宣讲调研月活动，是学习宣传贯彻××精神的大局需要。

第二，开展宣讲调研月活动，是促进全省××事业发展的现实需要。

第三，开展宣讲调研月活动，是提升系统干部自身能力的迫切需要。

统一思想，认清形势，充分认识培训班的重要意义。

第一，举办培训班，是当前做好为×××服务工作的大局需要。

第二，举办培训班，是提早应对×××高发频发期的现实需要。

第三，举办培训班，是加强同×××部司局工作对接的客观需要。

从上面两个提纲看,用"需要"串纲时,一级标题通常是讲重要性、重要意义,前面加提高站位、统一思想、认清形势类的词语。至于具体用几个,一个、两个、三个都曾有用过的,可根据当时的需要、时限和自身精神状态而定。具体研究用什么时,可从愚拙的词语集锦里去翻去查。二级标题主要是结合实际情况,在"需要"前加个二字词语。这种套路在紧急拟稿时还是挺好用的。

积累的常用"需要"搭配的词语有:大局需要、现实需要、客观需要、迫切需要、内在需要……

还有一次拟座谈会讲话稿,不经意间对"需要"进行了倒装处理,将"需要"演变成"亟待",放到开头,也取得了不错效果。

一、新时代××全面振兴、全方位振兴,迫切期待聚天下英才回×到×就业创业、合作发展

1. 亟待更多×人回归,携手建设家乡、共享幸福
2. 亟待更多智力回归,携手聚焦大局、重振雄风
3. 亟待更多产业回归,携手抓好机遇、合作发展

在写紧急材料时,用"性""感"法则串成排比,可节省一些时间、精力,取得较好效果。但切忌一条路走到底,要坚持形式服务于内容,根据内容需要灵活选用。不见得二级标题全是字数相同、语句对称、形成排比的"性""性""性"或"感""感""感"或"需要""需要""需要"。也可在一级标题、二级标题局部中出现,适当根据需要丰富一些其他表述。毕竟形式服务内容才是王道。比如,下面两组之前起草的提纲。

准确把握省委精神,深刻认识开展干部作风大整顿活动的重要性、必要性和紧迫性。

一要切实提高政治站位,深刻认识作风大整顿是当前全省上下一项极端重要的政治任务。

二要切实坚持以人民为中心，深刻认识作风大整顿是××部门进一步做好民生工作的内在要求。

三要切实全面从严治党，深刻认识作风大整顿是解决当前厅内党风廉政建设问题隐患的迫切需要。

充分认识开展教育监督系列活动重要意义，深入推进全面从严治党

第一，开展教育监督活动是落实全面从严治党、推进两学一做常态化制度化的必然要求，必须善作善成、常抓不懈。

第二，开展教育监督活动是深化巡视巡察工作的重要举措，必须融入日常、抓在经常。

第三，开展教育监督活动是××事业不断创新发展的内在需要，必须持续发力、久久为功。

那么，像上面的"必然要求"类可用于动员讲话稿中的四字词语，还有哪些呢？愚拙常用的还有：

关键所在、应有之义、内在要求、有效举措、重要基础、根本保障、有力保障、战略举措、基础支撑、有效路径、重要内容、具体行动、职责使命……

总之，归纳、掌握一些技巧、套路没坏处，尤其在急难险重时会达到意想不到的效果，能够不为绞尽脑汁研究形式和表述而犯愁，能够把精力省出来放到深度研究业务上，会让我们少熬点夜。

但我们不能只会这一点点套路，要结合实际、根据需要，不断地在诸多的材料中去体会、去归纳更多的套路。时间长了，慢慢就能够实现无套胜有套的材料自由。初看，那些被领导认可的材料高手们似乎无套，但他们其实已阅套无数、用套无数。看着看着，用

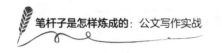

着用着,掌握的套路就多了,直至能够随心所欲,以无套胜有套,更关注于内容需要。如此,就逐渐实现了常说的以文辅政鼎新目标。

三、快速列成效类提纲的小套路

在第 5 章"磨刀子"第 4 节《如何汇集总结类小标题?》一文中,愚拙对 31 省(市、区)2019 年政府工作报告成效部分小标题作了解析。下面,我们再进一步挖掘其中的一些小套路。首先,看一看 2019 年四川省政府工作报告的成效小标题:

①一年来,我们深入学习贯彻习近平总书记对四川工作系列重要指示精神,四川发展的方向和举措更加明确。

②一年来,我们坚持把发展作为第一要务,经济实力不断增强。

③一年来,我们全力以赴打好三大攻坚战,决胜全面小康的基础更加坚实。

④一年来,我们加快改革开放步伐,全社会创新活力持续增强。

⑤一年来,我们大力推动农业农村优先发展,乡村振兴战略实现良好开局。

⑥一年来,我们推动文化事业产业繁荣发展,群众美好生活的精神食粮更加丰富。

⑦一年来,我们切实保障改善民生,老百姓得到更多实惠。

⑧一年来,我们坚决践行绿水青山就是金山银山的发展理念,长江上游生态屏障加快构建。

⑨一年来,我们持之以恒加强政府自身建设,政府职能和作风进一步转变。

这组小标题的第 3 句话,可用一公式进行概括,即:**具体业务名称+成果类词语**。通观各类成果类提纲,基本上都用一个成果类词语对成效进行定性表述。这个成果类词语有的为 4 个字,有的为 5 个字。

愚拙对此类词语作了梳理，并举例说明如何运用。这是愚拙研习成千上万篇材料后的有序积累，网络传阅量达到了百千万人次。读友可研究如何将其用于搭框架、拟标题、组排比、措词句中。关于四字成果小标题常用词语及应用案例，具体可查阅本书下篇（素材篇）第 10 章第 1 节《提炼成果类小标题常用词语》。关于五字成果小标题常用短语及应用案例，具体可查阅本书下篇（素材篇）第 12 章第 1 节《适用综合文稿成效类》。

四、快速列措施做法提纲的小套路

结合愚拙实战经验，平时梳理扁平化快速列措施做法提纲常用的词语，在时间有限的情况下，可以将看起来零碎的内容串到一起。

比如，我们看宁夏 2020 年政府工作报告中关于 2020 年工作措施的标题：

①聚焦扩大有效需求，着力保持经济平稳健康发展。
②聚焦产业转型升级，着力建设现代化经济体系。
③聚焦全面小康目标，着力打好三大攻坚战。
④聚焦生态宜居建设，着力推动区域一体化发展。
⑤聚焦乡村全面振兴，着力补齐"三农"领域短板弱项。
⑥聚焦优化营商环境，着力深化重点领域改革。
⑦聚焦融入一带一路，着力构建全面开放新格局。
⑧聚焦保障改善民生，着力优化公共服务供给。
⑨聚焦共建共治共享，着力提高社会治理能力和水平。

这组小标题，由两句话构成，划分一下句子成分，由"着力"引起的是主干，由"聚焦"引起的是状语。

拟汇报材料，用扁平化方式快速搭框架时，如果时间紧急，建议用单句,直接用"着力"串联。那么,这样的词语都有哪些呢?愚拙初步作了梳理:着力,全力,大力,努力,持续,扎实,突出,切实,狠抓,强化,进一步,全力以赴,千方百计,加大力度,坚定不移,坚持不懈,凝心聚力,锲而不舍,毫不放松,毫不动摇,持续用力,做到……到位/再/全覆盖,坚持以……抓落实,瞄准……精准发力,在……上下功夫,坚决守/保住……关,坚决做到……,确保……到位,始终把……作为主抓手/突破口/切入点,……不松劲/动摇/停顿/懈怠。

这类词语,在具体使用时,若无合适动词,可统一接"做好""抓好",也可从本书第15章第1节中寻找,还可通过百度寻找常用搭配。

关于具体运用,我们可以再看几组小标题:
①精准施策稳定经济增长。
②多措并举优化经济结构。
③凝心聚力打造创新开放高地。
④持之以恒强基础补短板。
⑤群策群力打好三大攻坚战。
⑥坚定不移深化各项改革。
⑦坚持不懈保障和改善民生。
⑧从严从实加强政府自身建设。
(源自湖南2020年政府工作报告)

①坚定不移打赢三大攻坚战。
②坚定不移补齐发展短板。
③坚定不移深化改革开放。

④坚定不移保障和改善民生。
⑤坚定不移统筹区域协调发展。
⑥坚定不移推进美丽西藏建设。
⑦坚定不移提升社会治理效能。
（源自西藏2020年政府工作报告）

如果时间相对充分，在对目标任务梳理得比较透彻的前提下，可以参照开头中的案例，加"聚焦"引起的状语。愚拙也对此类词语作了初步梳理：紧扣，坚持，聚力，聚焦，围绕，突出，对标，盯住，瞄准，紧紧扭住，以……为，以最……的……，坚持以……为引领/重点/关键/底线/引擎/己任。

关于具体运用，我们可以再看几组小标题：

①围绕机制活，着力深化改革扩大开放，高质量发展活力持续增强。

②围绕产业优，着力创新驱动转型升级，高质量发展支撑更加有力。

③围绕百姓富，着力保障和改善民生，高质量发展成果全民共享。

④围绕生态美，着力深化生态省建设，高质量发展优势不断拓展。

（源自福建2020年政府工作报告）

①着力扩需求稳增长，经济保持平稳运行。
②着力推动转型升级，发展质量稳步提升。
③着力打好三大攻坚战，发展短板加快补齐。
④着力深化改革开放创新，发展动力持续增强。

⑤着力统筹城乡建设，协调发展水平稳步提升。

⑥着力惠民生增福祉，人民生活进一步改善。

（源自河南2020年政府工作报告）

更多案例，不妨对着第5章第4节《如何汇集总结类小标题？》一文中31省（市、区）2019年政府工作报告相关小标题学习，或到"出彩写作"公众号查阅更多小标题集锦。

五、捕捉电光石火般灵感的小技巧

"焦灼"，几乎是愚拙写材料时最常说的一个词语。

在受命之初恶补相关情况时，会很"焦灼"，想在最短时间内快速熟悉各方面情况。

在谋篇布局时，会很"焦灼"，想在最短时间内拉出一个既对路又有亮点的提纲。

甚至在后期添骨加肉时，也很"焦灼"，边写边琢磨当前提纲是否经得起推敲，是否突出了领导关切，是否深度契合了事、人、体、景，是否有足够多的新意或亮点。

与"焦灼"相伴随的通常是疲惫。太过"焦灼"时，不妨换换脑筋，或者站起来运动运动，或者赶紧去吃口饭，或者先睡上一觉，或者先处理其他的事情，哪怕是做做家务，聊聊闲天。总之，就是不要在疲惫不堪时仍趴在电脑前打消耗战。

当放松下来时，好的点子可能会不期而遇，犹如电光石火般，一通百通。这个时候，应该马上记录下来，否则过段时间就会忘得无影无踪。

怎么记呢？

或者用手机的备忘录记，或者随时带着笔和纸记。如果既不想逐字逐句敲，也不想逐字逐句写，就用智能手机里的语音记录功能、语音输入法工具。总之，就是记录下来，毕竟好记性不如烂笔头。

怎么解释这些电光石火般的灵感呢？这些灵感其实就是前期恶补相关情况基础上在脑中持续酝酿发酵的产物。所以，遇到好的灵感时，不要忘了第一时间记录下来。这也是对你辛劳工作的一种回报。

第4节 实战复盘

一、一次拟讲话稿提纲复盘

愚拙曾受命起草一篇作风建设方面的动员部署会讲话稿。时间紧，任务重，起草时间约两天。

接到任务后，愚拙连夜做了两项工作。**一是吃透上情**。研究这次动员部署会的各类相关资料，弄清召开这次会议的具体背景，这次会议究竟要解决什么问题，弄清为什么要整顿、要整顿什么、怎么整顿。又反复比对上级讲话、方案及其他一些重要材料，弄清上级关于整顿的系列任务、各项要求。在吃透上情的过程中，在心里不断演练材料的逻辑框架，不断搭起框架，又不断推翻框架，反反复复多次。**二是吃透内情**。材料毕竟是要解决实际问题的。除了坚决完成上级的规定动作外，还要结合实际搞好自选动作。吃透上情后，再回过头来品味领导在专题会上的部署，就能相对弄清领导意图了。除了反复聚焦领导专题会上的讲话，再吃透领导半年以来在各场合关于作风建设的部署安排、系列论述，吃透具体业务处室活动方案，心中的逻辑框架和具体写法也逐渐清晰。

在胸有成竹之前，一般不要熬夜奋战。熬夜奋战还不如边睡边

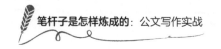

酝酿效果好。第二天的时间,就用来搭框架。虽然前一天晚上酝酿了很久,甚至一度认为已经搭建了很好的框架,但第二天全部推翻了,因为华而不实,经不起推敲。具体搭框架的过程,实际上就是怎么写的过程,而不是为了搭框架而搭框架。最理想的状态是每列出一条,下面怎么写都非常清晰,具体到共几个子部分,要说什么,说到什么程度,点出哪些具体情况问题。搭框架是最熬心血的,也是深度熟悉情况、深度分析形势、深度研究对策的过程。搭框架的过程,还要有各种调度调研座谈,全面动态掌握具体操作层面的各类方案各类情况。最后在领导的大力支持下,用一天时间基本定下了大致框架和思路。

先看最终定稿的这组提纲。

一、准确把握省委精神,深刻认识开展干部作风大整顿活动的重要性、必要性和紧迫性

一要切实提高政治站位,深刻认识作风大整顿是当前全省上下一项极端重要的政治任务。

二要切实以人民为中心,深刻认识作风大整顿是××部门进一步做好民生工作的内在要求。

三要切实全面从严治党,深刻认识作风大整顿是解决当前厅内党风廉政建设问题隐患的迫切需要。

二、始终突出问题导向,不折不扣落实干部作风大整顿各项任务

一要坚持"严"字当头,切实对管党治党"宽松软"问题进行大整顿。

二要坚持"实"字托底,切实对工作落实"虚飘浮"问题进行大整顿。

三要坚持"深"处挖掘，切实对责任风险"躲怕推"问题进行大整顿。

四要坚持"细"处着力，切实对工作标准"粗浅慢"问题进行大整顿。

五要坚持"勤"上发力，切实对精神状态"慵懒散"问题进行大整顿。

三、全力优化政治生态，以干部作风大整顿推动××事业高质量发展

一要强化理论学习，坚持用习近平新时代中国特色社会主义思想武装头脑。

二要发挥头雁效应，以敢于负责、敢于担当的精神状态推动事业发展。

三要树立正确导向，按照见人见事、事上看人原则做好调整一批、处理一批、选树一批、使用一批干部的准备。

四要及时追责问责，让有权必有责、有责要担当、失责必追究常态化。

五要狠抓源头治理，加快推进制度机制建设。

四、加强活动组织领导，务求干部作风大整顿取得实效

一要搞好思想发动，统一思想认识。

二要强化责任落实，确保取得实效。

三要深入查摆问题，及时整顿到位。

提纲共四个部分，第一部分是"为什么"；第二部分是"是什么"；第三、四部分是"怎么办"。总体上看，"为什么"和"怎么办"部分相对容易起草。前者解决思想认识层面问题，结合单位具体实际展开剖析就好，是否能够出彩在于对上情的把握程度和对内情的熟悉程度；后者解决实施路径层面问题，吃透上级讲话、方案及本单位方案，把需要强调的重点事项、重点环节梳理出来就好，能否出彩在于是否具有可操作性、可执行性。

我们将复盘的重点放到第二部分，即"是什么"部分。

其实，"是什么"部分，留给我们发挥的空间并不大。因为上面既有省委主要负责同志的讲话稿，又有省委关于活动开展的方案。在起草中，我们既不能大段照抄照搬，又不能另起炉灶，自己创造出一套毫无关系的东西。另外，上级讲话稿和上级方案里的"是什么"是一种什么样的逻辑关系，怎么结合自己单位具体实际进行有机融合，这些都是在拟提纲理思路之前需要研究透彻的。

具体看，一方面，省委主要负责同志在讲话中关于"是什么"的提纲主要内容如下。

要坚决破除"宽松软"之弊，进一步把纪律和规矩的导向立起来。

要坚决破除"躲怕推"之弊，进一步把责任和担当的导向立起来。

要坚决破除"虚飘浮"之弊，进一步把务实和落实的导向立起来。

要坚决破除"粗浅慢"之弊，进一步把精准和效率的导向立起来。

要坚决破除"庸懒散"之弊，进一步把奋斗和奉献的导向立起来。

另一方面，省委方案中重点聚焦的四个字是严、实、深、细，整改内容主要是"不想为、不想担""不愿为、不愿担""不敢为、不敢担""不会为、不会担"四方面问题。

前面说过，最理想的框架逻辑，应该是能够兼容以上内容和单位具体实际的。既不能脱离这些内容，尤其是讲话稿的逻辑内容，避免另起炉灶的问题；又不能完全照抄照搬，避免上下一般粗的问题。通过一晚上的对照思考，突然发现以上"破五弊"中的四项分别能够同严、实、深、细对应上，再补上一个勤字，就可结合单位实际组成一个逻辑包容性较强的框架了，做到了既同上级逻辑保持一致又有融合创新思考。而四方面"八不"问题，可以穿插到其中一个"弊"之中。于是，就有了第二部分的框架。

一要坚持"严"字当头，切实对管党治党"宽松软"问题进行大整顿。

二要坚持"实"字托底，切实对工作落实"虚飘浮"问题进行大整顿。

三要坚持"深"处挖掘，切实对责任风险"躲怕推"问题进行大整顿。

四要坚持"细"处着力，切实对工作标准"粗浅慢"问题进行大整顿。

五要坚持"勤"上发力，切实对精神状态"庸懒散"问题进行大整顿。

此提纲的好处是，既能传达学习上级精神并进行逻辑整合，把看似关联度不大的内容拿捏到一起，做到系统化，又留下了充足的写作空间，可以结合单位具体实际充分发挥。

最后，把刚才强调过的重点再重复一遍：具体搭框架的过程，实际上就是怎么写的过程，而不是为了搭框架而搭框架。最理想的状态是每列出一条，下面怎么写都非常清晰，具体到共几个子部分，要说什么，说到什么程度，点出哪些具体情况问题。搭框架是最熬心血的，也是深度熟悉情况、深度分析形势、深度研究对策的过程。

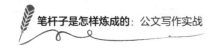

二、一个月拟写 20 篇汇报复盘

愚拙曾在一个月时间写了约 20 篇大大小小的汇报材料。

从形式上看，有书面的，有现场面对面的，有视频连线的。

从主要受众上看，有党政一把手，有行业部门一把手，有政府主管领导。

从内容上看，主要是措施做法，材料间既有共性和联系，又有区别和不同。

如此高强度、高密度地拟写同一类型材料，让我对汇报材料有了更深的感悟。

1. 兵无常势，文无定法

一篇汇报稿可能有几十种写法，但在特定主题、特定背景、特定场合、特定讲者、特定受众等因素下，可能最合适的就那么一种。

越深入，才能越具体，才能具体问题具体分析，撬开那把最完美写法的锁。

愚拙常讲，要深度研究事、深度研究人、深度研究体、深度研究景，就是这个道理。

向当地党委政府领导汇报具体业务，要讲求深入浅出，用大白话道出措施、考量及预期成效。

多个部门同时汇报时，要提前多通气，可从中寻借鉴、找启发，找到合适的切入点和提炼方式。

向上级本系统领导汇报相关情况，要提炼本地化务实做法，内行听门道，各地区共性举措太多，尽量提炼着实管用的原发性创新举措，要尽最大可能避免"撞衫"。

2. 把情况搞透是拟好汇报材料的基础和关键

愚拙常跟大家分享：磨刀不误砍柴工，战时写的深度、广度、厚度，取决于平常阅读、调度调研和实践的深度。

这段时间的最大感触是，只有平时扎下去学业务，在急难险重材料来临时，才可能会有电光石火、灵光一现的灵感，才可能在最短时间内找到最高效的调度调研方法，用专业、对路的表述，询问或查找到最新情况和一手素材。

永远不要指望下一个通知，四面八方来一堆材料，简单摆在一块就行了，这种想法和做法是消极的、懒惰的、低效的。

唯有通过有效的提炼和两次、三次甚至多次调度调研及反复研究，才能出精品。

3. 多从之前的成果中找灵感

着手谋篇布局时，愚拙还是会查查之前起草的相似文稿，特别是之前的心得文章。有时感觉，虽然现在可能担子更重了，但在写作悟性上并没有多少长进，"长"的主要是对业务的熟悉程度。

所以，在写之前，需要从自己之前的悟性高光时刻中找找经验、找找灵感，以能够用更好的表述方式，将更熟悉的业务展现出来，将领导的好思路、同事的好做法及成果尽可能展现得淋漓尽致。

4. 用扁平化方式，把最靓的工作用大白话列出就是最好的提炼

从材料讲者角度讲，汇报材料就是要把好的思路、好的做法、好的成效，用最短的语言展现出来。

从材料受众角度讲，听汇报材料，就是听干了没有，干了什么，干的成效。

因此，不必太纠结于四六句的打磨，纠结于小标题是不是一个辈、合不合逻辑。汇报材料的最大逻辑，本就不是按固有的业务顺序、业务逻辑平铺直叙、按部就班呈现。哪个能体现出干得好、干

得靓，就先说多说大说，而不管什么辈分、关系。

5. 无论多么驾轻就熟，拟写前、写作中，都会很焦虑

从结果上看，愚拙的每篇稿子出来后总体尚可，基本能够得到领导和同事的认可。但自己知道，无论对相关工作和写作技法熟稔到何种程度，在拟写之前、写作之中，都是焦虑和痛苦的，直至拿出稿子雏形后可能才稍有缓解。

拿出雏形的过程是复杂的和令人焦灼的过程，需要最短时间内通过各种方式恶补相关情况，深度研究事、人、体、景。拿出雏形后，还会有大量的综合—比较的循环往复，直至格物格到尽处、致知致到极致。

三、列提纲不是件容易事

深入研究事、人、体、景，不是一件轻松事！

经常有身边领导、同事和网上读友，让帮着列提纲。承蒙他人认可和信任，本是一件乐事，但总感诚惶诚恐，压力山大。

若答应了，其实是一件难事，很难的，且费力不讨好的事。且不说自身平时写作任务十分繁重，脑力精力时常处于透支状态，单就他们要写的领域而言，也大多不太熟悉各方面情况，特别是动态的最新情况。常言道，没有调查就没有发言权。何况时常处于满负荷状态时，根本没有时间详细去了解他们那些领域的事儿，自然也就不敢去瞎列提纲。

若不答应，他们嘴上虽可能不言语，但会想，你都这么大笔杆子了，写这么个东西，那还不是小菜一碟，轻轻松松就写出来了。我没让你去写，只是让你去列提纲，就推三阻四，那不就是几分钟的事，至于这样吗？

第7章 搭架子——"画竹，必先得成竹于胸中"

其实真不是小菜一碟，也不是几分钟的事。真正几分钟的事，容易的事，你也不会去找这些笔杆子。

随着写的材料特别是大材料越来越多，服务的领导越来越多，见的世面越来越多，笔杆子可能更懂得具体问题具体分析的道理，更懂得即便是同一个事儿，研究材料时，在不同场合不同阶段面对不同人时，也会有很大的差异，要做很多很细致的资料储备、情况掌握。

笔杆子不是万能的，不可能对所有具体业务情况都精通。尤其是不可能站在大家业务的具体视角上，充分研究掌握相关上情下情内情外情。打个比方，如果询问怎么起草一篇关于制造原子弹的文章，还要有亮点有特点，笔杆子通常提供不了。

笔杆子更懂得，要想持续保持一个高水平的状态，就要持续受别人受不了的罪，就要持续去做功课，做储备。大家在写材料时所能遇到的困惑和痛苦，一个成熟的笔杆子可能会遇到千倍万倍。之所以能成为笔杆子，就是经过了精神上的千刀万剐，体力上的千锤百炼。

所以，有时请原谅笔杆子们善意的拒绝。聪明的悟性高的积极向上的人更愿意听方法，而不是让直接列提纲甚至直接去写。

一个笔杆子更应让人学习和关注的，是其如何把提纲列好的本领和过程。当然这个过程可能是极其枯燥的，痛苦的。好的方法其实大多时候就是结硬寨，打硬仗，下笨功夫。如果有所谓技巧，也离不开这些痛苦的过程，所谓文字雕琢和打磨那是之后的事儿了。你如果想学这种枯燥的方法，笔杆子们一般也乐于倾囊相授。投机取巧类的技巧也不是没有，但这不是一个材料成功的关键，充其量只是锦上添花。

第8章
敲键子——"急起从之，振笔直遂，以追其所见"

苏轼在说完"画竹，必先得成竹于胸中"之后又接着说："执笔熟视，乃见其所欲画者，急起从之，振笔直遂，以追其所见。"这启示我们：写材料时，在搭完架子后，要对每个小标题后面具体选哪些情况作支撑、具体如何拿捏到一块儿进行思考，直到路子清晰后，赶紧敲键盘，将酝酿成熟后的东西趁着热乎劲赶紧敲打出来，完成之后再求完美，慢慢美颜打磨成稿。

第1节 套摘堆砌：摘现成段落，先摞到一起

之前在第7章"搭架子"章节中反复提道："具体列框架的过程，实际上就是怎么写的过程，而不是为了列框架而列框架。最理想的状态是每列出一条，下面怎么写都非常清晰，具体到共几个子部分，要说什么，说到什么程度，点出哪些具体情况问题。列框架是最费心血的，也是深度熟悉情况、深度分析形势、深度研究对策的过程。"那么，写材料写到"敲键子"这一步，剩下的就是敲、摞、套、改了。

一、先摞上再说

1. 不要挤牙膏式生憋

很多读友向愚拙抱怨其没有写作天赋，写材料时，经常是这样

一种状态：打开 Word，费了半天劲，好不容易写下标题，然后就纠结于怎么开头，怎么叙述，一般是敲三行删两行，并纠结剩下的一行合不合适留着……一天过去了，还没憋出半页纸的内容。

这种情况，很多新手包括愚拙在刚写材料时，都曾遇到过。

且不说平时的积累是否充分，写前的工序是否合理，在写材料特别是写总结、汇报、讲话、报告等事务性材料时，即便是提纲成熟，也不建议一个字一个字地现敲，更别提是硬憋生憋了。当然，除非已酝酿得文思踊跃、呼之跃出，只剩通过快速敲键盘才能宣泄心中灵感，但这种情况并不多见。

要想写得快、写得好，就要摒弃想一行写一行的硬憋生憋模式，要敢于去抄，要带着技术去摘抄，大大方方地去摘抄；要善于去改，要带着方法去套改，结合实际去套改。

2. 先把素材摞到提纲相应小标题下面

怎么去抄？下篇文章将重点回答抄的几个原则。这里重点讲讲抄的实操路径。

抄的第一步，就是查阅相关文章，摘录相关段落，先摞到提纲小标题下面再说。

具体就是打开已较为成熟的提纲，查阅列提纲时建立的上情下情内情外情文件夹。

查阅时，主要是按提纲内容先后顺序，选相关待抄的文章，从中摘取可用的素材，从头到尾摞在各级小标题特别是最后一级小标题下面。

比如，讲话稿第一部分通常讲"为什么"，一般围绕论述重要性、必要性、紧迫性展开。我们就先摞这方面的素材。要做的就是把前期各渠道获得的相关文章，特别是平时储备的相关讲话稿、理论文

章翻出来,从中摘录能够支撑提纲的论述,摞在提纲下面备用。为了提高效率,既然翻开某一篇文章了,建议着眼于整个提纲,不能只为了挑选适用于局部的论述,要耐着性子从头扫到尾,看看是否还有支撑其他部分的论述。如果有,也一并先摞在相应的提纲下面。

再比如,拟写年度工作报告时,我们就要把最近的总结、汇报等综合材料翻出来,把相关内容摘出来,摞在相应提纲下面。同样,拟写汇报类等综合材料,根据上级要求、领导意图和实际情况等,列出初步提纲后,就可以把以往特别是近期总结、汇报等综合类材料翻出来,把相关段落、相关论述或相关数据摘出来,摞到提纲相应小标题下面。

总之,在起草材料时,首先要找准可以套摘的材料,其次要大大方方地摘录,摞在提纲相应小标题的下面,尽量在最短的时间内把每级小标题摞满。

3. 边摞边选,按匹配性排序

我们知道,炒菜时,料备得越齐,炒出的菜越好吃。在摞材料时,也不能只依靠一篇文章,甚至连地名、单位名称、数据都不改。那叫文抄公,是我们要坚决抵制和强烈批评的。要从多篇文章中摘,特别是包罗到上情下情内情外情,包罗到机关材料、学界材料等等,这样最后的成稿才能有深度、有厚度、有鲜度。

在摘录多篇文章时,就面临一个排序问题了:哪段往前摞?哪段往后摞?

主要是按匹配性排序。每一个段落都有一个主题。小标题就是主题的外化,所有的内容要服务于这个主题,这就是大家所说的题文一致。我们在排序时,就要把最匹配的、信息量最大的摞在前面。甚至,在摘录的过程中,要同步做好比对、剔除。如果之前摞的那些段落，在内容鲜度和信息量上都远不如后面发现的，就要果断删除，或者只留下其中一两句不重复的摆在后面。

4. 一般稿件，摆到够用即可

应摆到什么程度为止？

料备得越充分，菜越好吃。问题是，厨师的体力和精力是有限的，不可能每顿饭都按照满汉全席的标准去做准备。一般席面，料备得够吃够用就好，尤其是够"客人"吃就好。这样既能够保持充足的体力，又避免了铺张浪费，也是居家过日子的长久之计。

大多数时候，在面对一般性文稿任务时，我们摆素材也是按照这个标准。要避免发力过猛，浪费精力。只要能够支撑得住各小标题，能够满足"主""客"需要就够了。毕竟既要对文稿负责，也要留足体力，应对其他文稿和事务性工作。

5. 想出彩，要摆到穷尽处

要想出彩，就不能满足于摆到够用，而要摆到穷尽处，把手头存货统统榨干摆完，在网上尽可能搜尽摆完，直至发现能够出彩的素材，并且通过这些素材酝酿出能够出彩的观点、提炼方式、具体论述。甚至，在这个阶段，随着材料的实际占有量、阅读量的增多，对工作情况和领导意图的深度把握增强，可能会对提纲的修改完善酝酿出更好、更精准的思维火花。

需要强调的是，"摆"的本质，是深度熟悉上情下情内情外情的过程，是将各方面情况摆在一起集中比对、酝酿、思考的过程。要避免生搬硬摆，少做物理叠加式的摆，多做化学反应式的摆。在"摆"的过程中，要去粗取精，由表及里，摆出实质，摆出亮点，摆出精华。

二、"抄"材料的六条法则

"天下文章一大抄，就看会抄不会抄。"这句话，在写材料上同样适用。

其实，体制内写材料，有点像写社科类学术论文，既要全面梳理研读有关文献，做好文献综述，又要结合自身思考，搭建框架，有机抄录。材料质量高低，既取决于思维、视野、见识，又取决于"抄"的广度、深度、高度。

体制内有些文稿，其实完全可以毫不犹豫、大胆地"抄"，甚至"套改"，即在既有成熟范例或模板上改改最新数据、添上最新进展和思考后，就可短时间应对遭遇战。

但近年来，因"文抄公"而违纪的案例时常见诸报端。那么，究竟如何才能"抄"得合理呢？其实，只要遵守以下六条"抄"的法则，既能避免抄出祸端，又能做到辅政鼎新。

1. 形神兼顾"抄"

关于文稿的"形"，要重点"抄"体例之形。

机关文稿多种多样，难免会遇到不常写、不常看的文种或业务。在时间比较紧的情况下，不妨多搜集几篇权威的、典型的文稿，照猫画虎"抄"其形。

如果想抄具体表述，一定要逐字逐句推敲论证，免得抄上别的区域名称、单位名称，抄出个违纪，贻笑于大方。要牢记，越忙的时候，越要花时间逐字逐句读稿子、校稿子、统稿子，避免"抄"上不该抄的。即使领导和上级单位催得急，也一定不要慌乱，要沉住气，不出毛病比交得慢要稳妥得多。谁急让谁参与写或者加派人手写，有时候写稿子该蛮横就蛮横，毕竟也是对组织负责、对工作负责。

"抄"形抄多了,文稿容易散、碎、偏,乍看文字表述惊艳,细品逻辑凌乱、思绪混乱、内容粗糙、斧凿气十足。这时,就需要"抄"文稿的"神"了。

何为文稿的"神"呢?主要就是"是什么、为什么、怎么办"的公文核心逻辑。

所有的机关公文,都离不开"是什么、为什么、怎么办"这一逻辑。要结合文稿的惯例特点及实际需要,把上情下情内情外情前情后情贯通于"是什么、为什么、怎么办"中。

这在讲话稿中体现得最为充分。讲话稿的全篇、每个部分甚至每一段基本都是一个"是什么、为什么、怎么办"的逻辑链。实际中,如果是耳熟能详的概念、观点,通常会省掉"是什么"。关于"为什么"呢,若是好的事项,就呈现在讲意义、讲必要性、讲紧迫性、讲重要性等方面;若是坏的事项,就呈现在讲危害、讲紧迫性等方面。而"怎么办",主要讲对策。建议各位读友在平时精读文章时,有意识地"练功",揣摩段落语句分别是"是什么、为什么、怎么办"的哪一块,在表述上有何特色,有哪些地方值得揣摩学习,以丰富到自身写作技法库中。坚持如此"练功",对于文稿的驾驭能力就会在不知不觉中提升很多。

2.上下结合"抄"

在"抄"文稿时,既要抄"上情",又要抄"下情",做到"上情"和"下情"有机结合,规定动作和自选动作统筹安排。

在拟向上级的汇报材料时,要全面梳理上级的有关指示要求,以备"抄"在点子上。可以把其"抄"在帽段,作为工作开展的总体靶向目标和遵循;可以将其掰成一组词句,"抄"在每段的小标题里,作为工作开展的主要做法措施。要把有特色、有亮点、有创新的自选措施提炼出来，放在文稿突出位置，必要时加黑。

在拟活动部署材料时，由于时间紧、任务重，既要"抄"上面的主要精神，比如重要意义、主要目标、安排举措、时间步骤等，并作好必要的归纳和提炼，又要"抄"下面的实际情况，读起来、听起来具有本单位的特色，像是本单位开展的工作。

3. 新旧对照"抄"

在"抄"文稿时，原则上，尽量"抄"新不"抄"旧。

关于同一项工作进展的总结类、汇报类材料，一般情况下，尽量"抄"最新的材料。但有的时候，由于种种原因，新材料并不一定兜得全，不一定全面汲取了之前系列材料的精华。

这就需要我们新旧比对着"抄"，根据文稿起草的具体要求，把所有新旧材料都读一读，把精华部分汲取到位，做到大集成、新且全。

4. "抄"多不"抄"少

如果只抄一两篇，那叫"抄袭"，是很容易出问题的！文章的广度、深度肯定有所欠缺，内容上也不够接地气。

因此，要尽量多搜集些材料，全面梳理上情、下情、内情、外情、前情、后情，根据需要有机"抄"到文稿中，以提升文稿的广度。

5. "抄"外拓思维，"抄"内遵惯性

遇到紧急材料，可以去搜集并"抄"外面的范例，既能开拓思维，又能短时间强化对工作的认知。且同级兄弟部门、域外同系统部门的文稿，也更具可借鉴性。

对于同一类别工作，单位里通常有惯性措施打法。在"抄"材料时，要做好调度梳理，遵其业务历史惯性。

6. "学""抄"相融合

愚拙常说,要把功夫下在平时。无论平时,还是战时,都要做好"学""抄"融合。

平时,在研习学悟有关资料时,要多问问自己:这些资料,以后可"抄"于哪一类文稿;以后具体可如何"抄";为了以后"抄"时能够迅速检索到,应该怎么保存;等等。

战时和战后,要不断思考:为了以后能"抄"得快、"抄"得好,平时应重点"学"点什么,具体应怎样"学",应怎样利用好学习成果。

最后,说是"抄",实际上是广泛占有资料、深度研究业务,掰开揉碎抄,结合实际写,求真务实干!如此"抄",才是正道!

三、多从自己拟过的材料中摘现成的

为什么单单强调从自己拟过的材料中摘、攞?

一般情况下,素材并不是攞上就能够马上酝酿出火花的。不同文章中摘抄的段落,大多是由不同层级、不同系统、不同单位的不同执笔者起草的,在内容上可能有交叉,在角度上可能差异很大,相互间发生化学反应也好,合并同类项也好,向小标题聚敛也好,是需要花时间研究、花精力打磨的。

但从自己之前写过的材料中摘、攞,就能保证视角基本一致、事项基本一致、东家基本一致、受众基本一致。且这些材料,大多经历过反复打磨,也是领导修改审定的,在思想、观点甚至具体论述上,都是自己熟悉、领导认可的。另外,在摘录参考和套改中,至少不会犯诸如 A 地出现 B 地名的低级错误。

这方面,愚拙也是走过不少弯路的。

有一次来任务后,以为自己很熟悉情况,就吭哧吭哧列完提纲

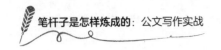

开始写。写了一半后,想去查点资料,偶然间打开之前的一篇文章,竟然发现:之前这不已经概括提炼过吗?无论是思想之高度、提炼之精度,俨然已达到一个阶段性巅峰了。现在写的这一半与之相比,什么也不是啊!毕竟那时写那个稿子也是费尽九牛二虎之力了,领导也是连夜带着逐字逐句修改了的。于是乎,把之前的直接复制粘贴过来,作为底稿,融入一些新情况就完全可以了。而刚才写过的那一半中,也确实只用了最新情况和最新数据。

还有一次愚拙在公众号写文章时,正围绕一个题目在快速敲着键盘,忽然想到自己好像几年前也写过一篇。于是赶紧找到打开一看,完全惊呆了。自己之前不但写过,而且感觉比自己现在写的要好得多。过了很久我才明白,是心劲和精力不一样了,那时写的是心情,可能好几天写一篇,现在写的却是任务,要一天写好几篇。

所以,慢慢地,每接受新的任务时,愚拙都会建个文件夹,首先把自己近几年写过的可借鉴的文章装进去,以从之前的智慧高光中挖掘犹如电光石火般的灵感和可直接拿来就用的素材。比如,有一次写述职材料,我把近三年拟过的述职材料、民主生活会材料、作风整顿材料、抓基层党建材料、党风廉政材料、全省会议材料都找出来,边读边结合当前实际酝酿框架怎么列,哪些语句还可以摘过来套改,大大提升了交稿质效。

如此操作,可以使每次拟写的新材料充分借鉴吸收旧材料的精髓,并融入新情况,实现了继承和创新的有机融合,提升了文稿的深度、厚度、广度。

当然,这里有个前提,就是每次写材料特别是写一些规格较高的材料时,一定要高标准、严要求,充分研究各方面情况,充分格物致知。只有这样,才能写出让人眼前一亮的文稿,并为下次写材料留下宝贵的经验和素材。

第 2 节　撮要归堆：合并同类项，向主题聚敛

通过剖析数千篇体制内常用事务性文稿的行文结构，愚拙最大的感触是：无论宏观上的一本书，中观上的一篇文章，还是微观上的一个段落，基本都可以用"为什么""是什么""怎么办"三个词进行拆解，这也对应了事务性文稿"提出问题""研究问题""解决问题"的思维逻辑。

需要说明的是，文章是活的，也是多样的。"为什么""是什么""怎么办"的呈现方式和组装方式是极为复杂的，拆解起来需要一番精力。从某种程度上讲，对文章的拆解水平，也决定了归堆水平。前面在第5章第3节的"实战复盘：如何固化发现的好思维和好语句？"一文里，曾拆解过一篇范文，建议读友们也有意识地多拆解，养成行动自觉，提升公文悟性。

无论是宏观总体架构层面、中观某一部分层面，还是微观具体段落层面，在拟写中，可能会根据不同需要，强化"为什么""是什么""怎么办"其中的一项，其他可能篇幅较少甚至没有。比如，有的讲对策的段落重在讲"怎么办"，其他篇幅较少，只在开头有一句"为什么"的论述。再比如，有的讲道理的段落重在讲"为什么"，其他篇幅较少，可能只在末尾留了一句"怎么办"的论述。

这对我们写文章的启示是：要根据不同的情况，不同的需要，选择当时最为恰当的一种方式，进行归堆和提炼。比如，受众都非常熟悉的一些工作，在拟写中，就尽可能减少一些"为什么"的论述，重点在"是什么"（当前的进展）和"怎么办"（下步思路打算）上下功夫。比如，刚开始部署的一些工作，就要把"为什么""是什么""怎么办"尽可能说到位，以给大家提供遵循。

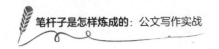

下面,从"为什么""是什么""怎么办"三个方面,谈归堆的技巧。

一、"为什么"部分归堆公式及技巧

首先搞清楚"为什么"在常见事务性文稿中的分布规律。

从文章的宏观框架上看,主要分布在讲话稿、评论稿、理论文章的开头部分,这在前面章节也多次提到过,主要是讲道理,讲重要性、必要性、紧迫性。另外,通知等公文也经常以"为什么"开端,主要讲行文依据、讲必要性。

重点以讲话稿为例,讲解第一大部分即"为什么"部分撮要归堆的方法。

通常,这部分可以是一大段阐释,也可以提炼二级小标题,甚至可以提炼三级小标题。写作中,要根据实际情况,特别是自身占有材料的情况和思考的深度来决定写的方式。如果有成熟思考、旺盛精力和足够优质素材支撑,可以尝试三级提纲,处理好了,或许在深度上和层次上能够出彩。一般情况,二级小标题就足够了。因为从自身写稿角度讲,可节省精力、体力;从受众听稿角度讲,不会陷于逻辑层次的困扰中。

无论写几级,写法是一样的。我们管中窥豹,就末级提纲的归堆规律作以总结。

一般而言,可以用一个公式进行概括:"共性道理+单位实际+鼓动号召"。

我们在研究如何把之前撮好的素材进行归堆时,不妨还按这三个层面来。

第一个层面,即"共性道理"层面,把诸如领导论述、名言名句、理论规律、典型经验、现实问题等具有普遍属性的共性道理单独抽出来,以备选用。

从哪里抽呢?主要是从搭架子前建立的文件夹抽。实际上,文件夹是否建得好,可抽文章是否搜得妙,除了即时的调度、搜索外,应更多依赖于平时的主动阅读和搜集,也就是磨刀子章节中讲到的高质量的泛读和精读。只有平时读得深,储备得足,加工得细,到有任务时,才能在最短的时间内酝酿出足够的火花。比如,愚拙的常用词句集锦,在关键时刻就能起到意想不到的作用。

打个比方,如果在一个段落里,要论述创新的重要性,要围绕创新讲道理,可以第一时间从词句集锦中查到关于创新的语句。

关于"领导论述",我们可以查到总书记的重要论述,直接摆在前面,"习近平同志指出,'哲学社会科学创新可大可小,揭示一条规律是创新,提出一种学说是创新,阐明一个道理是创新,创造一种解决问题的办法也是创新。'"

关于"理论规律",我们可以查到之前从《人民日报》一篇评论文章中摘的一段话,"创新具有丰富内涵和多样形式,只要能突破陈规、有所推进,无论大小都可以称得上是创新。只要积极进取,敢想敢做,就能进行不同程度、不同类型的创新。"

总之,只要之前储备工作做得足够精细,尤其是瞄准写作实战需要分类储备素材,到了写材料时就会相对得心应手,至少不会为素材烦恼。并且在储备工作中,能够有效锻炼"为什么""是什么""怎么办"的公文核心逻辑,对于培养文稿起草悟性大有裨益。

第二个层面,即"实际分析"层面,结合单位实际情况,把论述单位既有做法、当前形势的语句单独抽出来,以备选用。

第三个层面,即"鼓动号召"层面,结合单位实际情况,把鼓动性号召、原则性对策、总体性对策的相关语句单独抽出来,以备选用。

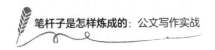

在筛选归堆过程中，要聚焦于能否支撑住、支撑好当前小标题，把那些合适、恰当并且出彩的留下，把那些可能不太合适的先放到文章下面或者单独开个文档，以作他用。如果感觉某句支撑其他小标题非常巧妙，就先归堆到那个小标题的明显位置。

在筛选归堆过程中，可能会发现有些素材存在交叉、重复，我们要及时套改，进行同类项合并。要聚焦如何支撑小标题，进行比对、取舍、提炼、聚敛，在信息量上做加法，在文字上做减法，整合有新意的观点、有亮点的表述，尽量用最短的文字较完美地支撑住小标题，尽量用最短的文字传递更多、更足的有效信息。

二、"是什么"部分归堆公式及技巧

同样，首先搞清楚"是什么"在常见事务性文稿中的分布规律。

从体例上看，总结稿、汇报稿等综合文稿，其文章主体基本可看作"是什么"，主要讲阶段性进展和存在问题，通常仅在开头短短用几句话交代"为什么"，在末尾交代下步"怎么干"；讲话稿等综合文稿，在讲完道理之后、讲组织保障等要求之前的内容，基本可看作"是什么"，换一种更直白的说法，就是要"干什么"，交代干的目标原则、重点内容、时间步骤等；通知、意见等公文，基本和讲话稿等综合文稿相近。

"是什么"部分，通常采用扁平化写法，如果要归纳一个公式，那就是**"总述＋一是＋二是＋……"**。

从宏观的一篇文章看，这个"总述"在不同文稿中略有不同：在总结稿、汇报稿中，一般是帽段，交代总体的遵循、思考、做法；在讲话稿中，一般是"是什么"部分标题之后的导语，也是交代总体的思考和做法；在通知、意见等公文中，基本是总体目标、原则方法等部分。

从微观的一个段落看,这个"总述"就是小标题之后的导语句。这在总结、汇报、报告等体例中相对常见,用一两行简要交代总的理念、思考、做法。别看这一两行字数简短,但通常是点睛之笔,需要较强的提炼能力。建议在归堆时,把领导的一些权威提法或大局性工作术语提炼出来,以备酝酿、套改。以能较好支撑和解释小标题,并能统领下面的具体做法为佳。

关于"一是""二是""三是",就是将业务内容按一定逻辑进行扁平化归堆排列。在业务归堆时,要摒弃将调度上来的素材简单摆摆就报的习惯,要从历史沿革、大局工作上进行审视、结合、归堆。

如果是常规性工作,具体归堆方式和排序,可参照以往材料,不妨再对近三年相关写法进行研究。在基本采取以往归堆方法的同时,要将继承和创新有机结合,研究把当下领导最关注、与当下服务保障大局最直接的工作摆到前面,在归堆提炼时将关键词体现在小标题上。如果是新部署的工作,归堆时要在吃透上级归堆方式及理由的基础上,将上级归堆和自身实际相结合,进一步研究出既能兜全上级内容、遵照上级考量,又能融入自身特色、符合自身实际的归堆方法。

在归堆时,要在深入研究业务基础上,理顺相关数据之间的逻辑关系,掰清不同工作间辈分关系。是从属关系的,要适当做好删减压缩;是并列关系的,要研究做好同类项合并,用顿号合并内容、压缩篇幅。

三、"怎么办"部分归堆公式及技巧

"怎么办"部分,主要是对策部分。在总结、汇报、报告等综合文稿中,主要是下步打算、安排、措施。

这部分和"是什么"部分归堆方式接近，也通常采用扁平化写法，操作公式也是**"总述＋一是＋二是＋……"**。

归堆技巧也同"是什么"部分相近。需要强调的，相对于"是什么"成果归纳部分，"怎么办"对策部分通常更加注重领导的施政意图。在归堆提炼时，把领导高度重视、反复强调、创新提出的工作放在显眼处，最好是将其中关键词提炼到小标题中，和传统的归堆套路有机融合。

和"是什么"部分一样，合理归堆的前提是吃透业务工作，深刻把握不同业务间的辈分关系、逻辑关系。

愚拙从业务处室到综合处室后，遇到的第一个有分量的任务就是编制全省工作要点和目标责任制。这份任务，基本通篇就是"怎么办"的材料。

对于一个初来乍到的小白，将各方面汇聚的上下内外四情材料摆在一起容易，依靠平时主动研究全厅大局工作归拢得差不多也不难，但要归得精准、并得合理并不是一件容易事，特别是当面临一些专业术语时，脑子会发蒙。

这里就重点分享对陌生领域内容归堆的一些体会。简单说，就两个字——"恶补"。要充分利用网络和手里资料，将每个陌生概念的历史沿革、具体内涵、发展现状、存在问题等彻底搞透。现在回想起来，那时起草要点和目标责任制时，时常熬夜恶补，甚至连轴转。但庆幸的是，在最短的时间内熟悉掌握了相关业务工作，甚至成了某些业务方面的半个专家。这样在归堆时，会更加得心应手，更加游刃有余，并且可以打破业务桎梏，根据领导需要、大局需要、当前需求，进行扁平化归堆、提炼了。

第 3 节　通读权衡：查补缺漏项，增新意亮点

在归堆套改过程中，极可能陷于只见树木不见森林、只见局部不见全部的困境，仅是将注意力集中到了小标题和下面摆、归、并、改的素材中，而忽视了整体。

这就需要在完成各级小标题的归堆套改任务后，从整体上再进行审视。

1. 审任务要求是否有缺项

要把任务的来龙去脉搞清楚。

之前有位分管领导给愚拙带来了深刻影响和启示。在文稿起草的前、中、后一些重要环节，在共同研究稿子时，领导都会详细询问：通知上是怎么说的？有没有打电话再问问相关背景和上级意图？各级领导特别是省领导、厅主要领导是怎么签的？平时领导有哪些要求？材料是否都有所涵盖？是不是把最新情况融进来了？

这给了愚拙深刻启发：每当堆改出一稿后，都会首先看看是否有缺项。如果定稿后再发现有重大缺项，工作会很被动。因此，当发现有缺项后，要毫不犹豫地进行补充。

2. 审领导意图是否体现充分

干活不由东，累死也无功。

要重点看：写之前领导交代的事项是否全部体现？领导平时高度关注和反复提到的工作是否作了针对性调度、提炼，并摆在文稿突出位置？通篇文稿风格，是否和以往领导认可的成稿特别是反复修改的定稿相一致？

如果体现得不充分，九成九会返工。因此，一旦发现有不足，

务必抓紧修改完善。

3. 审框架结构是否合理

虽说在列提纲中,文稿已经基本形成框架,但在撮要归堆过程中,对工作的领会可能会进一步加深,对意图的把握可能会进一步精准,可供支撑的素材也越来越多、越来越精细恰当,且对不同部分、不同级别框架的认识会更加深刻。

这也可以让我们再来审视之前框架的合理性。审视现在的素材是否支撑得足够好?是否做到了文题一致?甚至是否可促进当前框架或小标题进一步升华?是否让整个文章的立意进一步提升?

愚拙也经常会在此环节酝酿出更多灵感火花,对提纲再作调整、完善,甚至偶尔会有原先意想不到的神来之笔。

4. 审亮点新意是否足够多

文贵有新。在审视中,要注意是否挖掘、提炼出一些易于传播的亮点、新意。这也是文稿辅政鼎新的价值所在。

亮点、新意从哪里产生呢?

通常来讲,内容是王道,别无我有、好使管用、真金白银、实实在在的政策举措类最佳,内涵丰富、特色鲜明、给人以启迪的理念经验类次之。

如果内容一般,只能从形式和气势上发力,看看提纲是否概括得传神精要,观点是否提炼得鲜明实在,语句是否打磨得简明扼要。

无论如何,交稿前一定要认真审视文稿是否有足够多的亮点、新意,是否首先能够打动自己。因为只有首先打动了自己,才有可能打动他人。

第 4 节　捋顺打磨：看起承转合，促气脉贯通

到这一环节，一般情况下不会再被素材所困扰了。在打磨环节，最重要的是把握好"三性"：消除重复性，增强关联性，重塑一体性。主要有三项技巧，概括起来就是三个字："删""换""写"。

一、硬伤硬痕要直接删掉

摆到一起的素材，在归堆合并中难免多多少少有些痕迹。在捋顺打磨这一环节中，要删掉这些痕迹，让文稿读起来逻辑严密、前后照应、气脉贯通。

文稿中的每个部分、每一段甚至每一句，都有具体服务和支撑的观点，通常就是各级的小标题或分论点。如果在通读稿子中发现，某一个词语、某一句话虽然是好词好句，甚至是金词金句，但摆在那儿太过突兀，与周边内容格格不入，和各级小标题或前面的分论点完全不挨边，就要直接删掉。

文稿改到最后，要在信息量上做加法，在表达上做减法。在做加减法特别是做减法中，坚决把不合适的语句删除。

此外，原始出处不明的语句直接删掉，表达有歧义的语句直接删掉，可能需要进一步解释说明的语句直接删掉，数据缺乏足够支撑的删掉，明显不符合单位实际的删掉……总之，要敢于删掉各种痕迹和各种难以解释的话语，让文稿自然生动、流畅贯通，每句都有出处，每句都禁得住提问。

二、实在不舍就琢磨换掉

在删减打磨过程中，难免有些观点和词句想尽可能保留，毕竟下了那么大功夫去储存、去提炼。

如果实在舍不得砍掉，就看看能否将摆在此处突兀的词句换个地方，再适当改改。

常言道，人挪活，树挪死。观点和词句挪一挪地方，没准就全盘皆活、满座叫好了。

换的过程中，也不要生搬硬换，要看同拟重新放置的段落是否相容。若不相容，就尝试进行套改，直至相容，甚至融为一体。

一般而言，用好"删"和"换"，基本能够将文稿捋顺。其实，"删"和"换"也是进一步熟悉稿子，深度研究事、人、体、景的过程。或许，在此环节中，还会酝酿出更好的思路、观点、金词金句呢。

三、基本定形再去写和顺

刨除前期的搜集情况、布局谋篇、摆堆套改，真正意义上的"写"，除了起初的列提纲外，就是基本定形后的"写"和"顺"了。

具体"写"什么呢？写开头、写结尾、写各级小标题后的导语。最好的结果是写出上情、下情、内情、外情的最佳结合，写出上级规定动作和自选动作的最佳结合，写出跳出一域保障服务大局和域内奋勇争先的最佳结合。

具体"顺"什么呢？顺事与事、点与点、段与段之间的呼应。在撮要归堆环节留下的缝隙，均要在此环节——弥补。最好的结果是顺得"天衣无缝"、浑然一体。

如果一篇文章是团队作战，到此环节，应由一人收尾，也就是常说的"统稿"。统稿常用的步骤也无外乎删、换、写、顺。前面讲到了删和换，下面重点讲写和顺。

1. 画龙点睛：写好导语句

俗话说，看书先看皮，看文先看题。看书看完皮后，我们首先会读读序、前言、目录。同样看文看完题后，我们首先会读读题后的导语并快速瞅瞅大致结构内容。

导语句是对题目的进一步解释和补充，是对段落内容的升华和引领，常见于小标题后面，主要阐述总的思考、理念、做法、成效。有时为节省篇幅，也可能将导语句删除。

很多时候，题目是相对简短的、抽象的、共性的。比如，若一同进行汇报，兄弟地区、兄弟部门间由于工作板块相近，在提炼题目时，很大概率上也是相近的。因此，笔杆子们在提炼小标题上不得不下更大的功夫，尽可能在提炼时既遵照共性要求又彰显个性特色。但毕竟题目能传播的信息量有限，那么，对题目的进一步解释和个性特色的进一步展示任务就落在导语段中了。

一定程度上讲，写好导语句亦是画龙点睛之笔。在具体写作实战中，愚拙也常因在拟写导语句的过程中发现了更好的视角，酝酿出了更好的灵感，甚至据此对题目进行局部修改，对内容进行局部调整。

国务院 2020 年政府工作报告是我们研究公文的典型范例，其中的导语句更是近年来最为简短、干练的。为节省篇幅，报告第一部分"2019 年和今年以来工作回顾"的成果段中并没有导语句。报告第三部分至第八部分是 2020 年的主要措施，其标题后面均有一句极为短小精悍的导语句。

第三部分"加大宏观政策实施力度，着力稳企业保就业"之后的导语句是："保障就业和民生，必须稳住上亿市场主体，尽力帮助企业特别是中小微企业、个体工商户渡过难关。"

第四部分"依靠改革激发市场主体活力，增强发展新动能"之后的导语句是："困难挑战越大，越要深化改革，破除体制机制障碍,激发内生发展动力。"

第五部分"实施扩大内需战略,推动经济发展方式加快转变"之后的导语句是:"我国内需潜力大,要深化供给侧结构性改革,突出民生导向,使提振消费与扩大投资有效结合、相互促进。"

第六部分"确保实现脱贫攻坚目标,促进农业丰收农民增收"之后的导语句是:"落实脱贫攻坚和乡村振兴举措,保障重要农产品供给,提高农民生活水平。"

第七部分"推进更高水平对外开放,稳住外贸外资基本盘"之后的导语句是:"面对外部环境变化,要坚定不移扩大对外开放,稳定产业链供应链,以开放促改革促发展。"

第八部分"围绕保障和改善民生,推动社会事业改革发展"之后的导语句是:"面对困难,基本民生的底线要坚决兜牢,群众关切的事情要努力办好。"

上述写法对我们拟导语句有哪些启发呢?建议读友们翻出报告全文,一块跟着愚拙揣摩研习。

结合自身实战经验,愚拙得到的启发有三点:一是把从属段落内容中最大的亮点提炼出来,以做到文、导、题一致;二是把领导关注特别是反复强调的提炼出来,以契合领导意图;三是把舆论关注和服务对象关注的提炼出来,以积极回应关切。

读友们亦可结合自身实战经历,对报告进行研习,一次性把如何拟写导语段研究透彻。

2.精雕细镂:聚敛为一体

刚才讲过,基本定形之后主要是顺事与事、点与点、段与段之间的呼应。具体怎么顺呢?可以按照先宏观再微观的思路,具体是做好"两顺"。

一是顺总体内容，力求文题一致、文导一致。主要看：一级标题是否较好服务了整个文章的主题；下级标题是否较好服务了上级标题；具体内容是否较好支撑了本级标题，做到了文题一致。如果仍有明显硬伤，要及时作出调整，或者直接删掉，或者挪动位置，或者重新填补。如果仍可用但呼应、支撑不明显，就在文、题间挖掘、建立联系，让文题总体一致。

二是顺总体形式，力求贯通匠心、消除匠气。我们坚持形式服务于内容，不为形式而形式，但要力求内容和形式上的完美结合。在更好服务内容的同时，可以研究将段落里看起来散的内容在形式上作些处理。比如，前面我们曾就用扁平化方式处理汇报材料框架进行了探讨，可以用"着力，全力，大力，努力，持续，扎实，突出，切实，狠抓，强化，进一步，全力以赴，千方百计，加大力度，坚定不移，坚持不懈，凝心聚力，锲而不舍，毫不放松，毫不动摇，持续用力，做到……到位/再/全覆盖，坚持以……抓落实，瞄准……精准发力，在……上下功夫，坚决守/保住……关，坚决做到……，确保……到位，始终把……作为主抓手/突破口/切入点，……不松劲/动摇/停顿/懈怠""紧扣，坚持，聚力，聚焦，围绕，突出，对标，盯住，瞄准，紧紧扭住，以……为，以最……的……，坚持以……为引领/重点/关键/底线/引擎/己任"串联起一些形式上看起来无序的做法、举措。这既可以让每个部分、每个段落风格相近、浑然一体，又能让受众用几个词语将文稿要点提炼出来、传播出去。

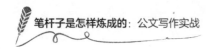

第 5 节　交稿有方：不仅要写好，更要汇报好

在向领导呈送拟写的讲话、汇报、总结等综合材料时，愚拙通常会在头页夹上四五行小帖，以让领导最短时间内了解此项材料的因由背景、起草思路、所做工作，以提升领导审核把关的效率。

以下是愚拙总结的几个实战小模板，供读友们参考研习。

模板之一

此材料主要是为省长参加国务院有关会议提供素材。

厅办公室在综合有关处室单位提供的情况基础上，融入了近几年系列综合材料中有关内容（尤其是问题和建议部分），并征求了处室单位意见。主要目的，一方面是增强材料厚度，把成果兜全，把问题兜清，把措施兜明；一方面是利用省长参会的契机，进一步向国家反映困难，争取更多政策、项目、资金。

模板之二

收到厅领导在《×××工作方案》上作的重要批示后，厅办公室高度重视，拟定了《×××方案》。

×××

×××具备三个特点：一是建立了三个清单。进一步明确了问题清单、任务清单、责任清单。二是强化了××××××。进一步明确有关处室单位在落实×××文件中的责任。三是扩大了整改内容。以此次整改为契机，在全系统全面梳理各级×××专项巡视巡察、督查暗访、督导调研中发现的×××"面"上和×××"点"上×××问题整改情况。

现将拟定的《×××方案》呈上，如无不妥，将按程序印发实施。

模板之三

×年×月×日，×××考核组将到我省开展为期约两周的考核，对×××进行实地考核。有关迎检工作，正按照您审定同意的工作方案稳步进行中。

据了解，考核组拟于×月×日至×日，访谈部分省直单位主要领导。厅办公室在吃透考核规程的情况下，会同有关处室，起草了《×××汇报参考提纲》。提纲体例基本采取一问一答的方式，从×××、×××、×××有关情况方面综合了有关情况，有关数据进行了再次调度核实（部分数据为动态变化，建议以此次为准），供参考。

第6节　实战复盘：3天起草全省工作报告复盘

愚拙曾受命起草全省系统年度工作报告。这个材料从接受任务到拟完呈交，用时三天四夜。由于正处年关，这三天四夜也不是完全在应对这个稿子。第一天，愚拙手上还有四五个综合稿子同时酝酿、准备，很难完全交接，体能上也不是特别好。且三天之间，来电询问情况、委托改稿、处办日常事务的电话络绎不绝。就在这种状况下，一人完成了这个分量重、难度高、时间紧的重要材料。从后期征求意见、领导审定、会场反馈看，基本得到了一致肯定。

1. 关键在平时

实事求是讲，如果平时没有将全系统重点工作任务特别是领导高度关切任务的沿革、进展、形势、措施熟稔于心，如果平时不熟悉报告的多种体例，愚拙也不敢单枪匹马、信心十足地接受这个任务。

且从当时一个阶段看，愚拙已经成为领导在安排急难险重文稿任务时的第一人选了。因此，即便在明确这项任务交办之前，愚拙已及早谋划和酝酿了。

一是一稿多用写到位。起草各类工作总结、工作汇报、下年重点工作安排等综合材料时，在调度调研的安排设计上，对成果总结、形势研判和下年部署作了适当延展，就提炼梳理方式作了针对性设计，融入了"报告体"元素。这样既做到一调多用、一稿多用，尽可能减轻地方和处室负担，又为起草年度工作报告这个更大的材料打好提前量。具体落笔起草时，愚拙做足"慢工"，作了多个访谈，打了多个电话，查阅了多个文件，询要了多个现成的总结材料，研究了多篇理论文献，对上情下情内情外情进行了充分研究。平时，愚拙干工作也是这样，力求一次就查到位、想到位、调到位、写到位。到下次再有类似稿件时，上面那个就是标准模板，稍微改改数，打电话问问最新情况就好了，也省得就一个事三番五次、没完没了地反复问处室要。

二是深入开展调研。向领导建议系统逐级召开座谈会，首先县里在调查研究的基础上开，其次市里组织县里开，最后省里组织市里和几个代表县开。全系统进行工作亮点、存在问题及下年举措大梳理，并相互借鉴相互启发，发现和总结可复制可推广的经验，解决存在的共性问题。这相当于组织了几十个座谈会，发动了一切可以发动的力量，汇聚了全系统的智慧。

三是动态把握好上情下情内情外情。动态关注国家、省里、部里重要会事、文件精神，特别是把全国系统会议的精神吃透，做到上接天线；动态关注市县相关总结材料、经验材料、调研材料、政务信息、工作简报、新闻通稿，甚至就有关情况，直接拿起电话，向有关同志请教，做到下接地气；动态关注处室单位相关重点工作的最新动向，关注领导的关切、摆布和思考，向处室骨干讨教相关情况，做到内情贯通；动态关注兄弟省市的相关经验，做到外情熟稔。

四是熟练掌握报告体例。这方面是愚拙最为自信的，已深入研究过近千篇各级党代会报告、政府工作报告、系统工作报告，尤其是经常对各省报告庖丁解牛、横向比对。给愚拙同样的内容，愚拙很有自信，会有几十种不同的提炼和呈现方式，并且可根据具体需要，找到相对最合适的方式，将最应体现、最想体现的内容体现得淋漓尽致。毕竟这是愚拙几年内执迷的一件事了，"出彩写作"公众号里也分享过很多这样庖丁解牛的产物，既有宏观上的报告技法剖析，也有中观上的31省报告工作成效、存在问题、经验、工作目标、工作举措、开头导语、结尾的分门别类横向对比摘录，还有微观上的工作成效等常用四字词语、措施类五六七字短句集锦。

2. 做好时间和精力的分配

同领导确认好清稿交付时间后，愚拙结合当时体能和精力状况，用一个晚上迅速对三天四夜的时间进行了设计。甚至打开 Word，对文稿总体布局进行了勾勒，局部可见提纲雏形。

文稿大致分为三部分。

第一部分为上年总结，鉴于这一块之前已做了大量工作，手里有个总结模板，且一直在根据最新掌握情况不断完善，剩下的就是提炼方式和角度问题了。因此，一个白天就可以搞定。在提炼方式上，较好运用了平时研究政府工作报告的成果，按成果和做法两方面写，其中成果按上年报告提出的"一×两×三×三×"工作主线为主轴提炼，既有写法上的创新，又呼应凸显了上年的主线。从会后反馈看，确实给人以耳目一新的感觉。

第二部分为形势分析，需要务虚、务实相结合，既要传达学习各级相关部署要求，又要以合适的站位对形势作出剖析，提出一些总体要求。这部分，既考验底蕴和积淀，又要求及时恶补，既要务实谋划，又要务虚思考，极其考验业务功底和理论功底。因此，在布局谋篇时，安排一天两夜攻克。具体用一个晚上，赶紧恶补和收网，把之前看过的理论文章等统统过一遍，把之前领导批示、调研报告等有分量的材料统统过一遍，通过恶补，梳理出两级框架，对展开思路厘清，对选用素材作遴选和再加工。用一个白天，把这部分写出来。再用一个晚上，对这部分进行统稿和修补。

第三部分为下年措施，基本是七分实三分虚，由于之前做了大量工作，因此一个白天就可以搞定。

还有一个晚上就是全文统稿和综合调整了。根据之前的安排，写得异常顺利，没有遇到太多阻力。

3. 几点启示

一是脑里要有畏，时刻以以文辅政鼎新的标准做好文稿起草。机关里，不同的声音、不同的追求太多，如果缺少定力和情怀，随时会被影响，导致间歇性患得患失、消沉抱怨。说实话，谁都会有抱怨、有牢骚，愚拙也不例外。但要及时做好调整，不随波逐流，不人云亦云。在自己身体和精力能够承受的时候，能干就拼命干，能写就拼命写。特别是以文辅政鼎新方面，要时刻提醒自己，是为组织、为理想、为情怀写的。不断提醒自己将格局抬高些后，就会淡化短时间的患得患失，让自己更专注、更努力、更拼搏。时间长了，就会有一骑绝尘的硬实力。即便真的干得不如意了，感觉委屈得不行了，这个绝对硬实力也会让你拥有随时另寻可施展抱负之地的本钱。

二是眼里要有活，及早打好提前量。 有些本职内的活，躲是躲不掉的。即便是鞭打快牛，只要拥有干好更重要任务的能力且得到足够多的信任时，就会拥有向不合理分派提出合理意见建议的底气和资本。毕竟是为公不为私，是为了不耽误工作，是为了不影响事业。对于一些责无旁贷的活，既然要干，就干到极致，就干到自己能力范围内的最高水准。

三是心里要有数，及时管理好时间和精力。 以愚拙为例，基本对各项工作都是拿出十分力。写这份报告更是拿出了十二分力，三天四夜里，有效睡眠不足六小时。但愚拙感觉还是很值的，很兴奋的。同时，精力的保养也是极为重要的，要多跟领导汇报自己的工作方式和身体状态，积极寻求各方面支持。在起草之初，愚拙申请把其他稿子先做交接，找封闭空间拟写，并对写稿节奏和时间安排做了设计，拿出了最好的精力、时间去攻坚、去恶补、去拉提纲、去理思路，拿出了一般的精力时间去填补内容。

四是养成及时复盘和梳理的习惯，这点很重要。 这次复盘本应早点搞，但当时的工作强度实在太大，那种蚀骨挠心、浑身乏力、严重透支的感觉，很多老前辈都懂的。其实，当时身体状态也不是很理想，心里恐慌得要命。比起体力精力上的透支，更怕写作悟性的透支。怕再不总结，就总结不出内容了，白费了那么好的经历。

第7节　熬夜敲键盘时的休养之法

人在江湖，身不由己，有时加班熬夜赶稿也是没有办法的。如果加了班，应如何做为自我保养呢？从四个方面，分享一些方法。

1. 加班前

（1）趁着还有同事的时候，向领导寻求人手、工作支持，让别的同志分担一些电话调度、统计分析、素材汇集等基础性、程序性、事务性工作，将核心精力放在务虚谋划、框架制定、观点提炼等关键环节和步骤上。

（2）向领导申请到一个相对安静的空间进行重要稿件的起草，将手机保持关机状态，避免受到嘈杂环境及事务性工作的干扰，提高白天利用效率，做好加班熬夜能够一气呵成的前期准备。

（3）中午12点左右及下午5点左右，各睡半小时，以备有精力熬夜。

（4）晚餐吃得清淡些、营养性，不吃高油脂高盐食物，避免过劳肥。可以来点鱼虾，来片维生素C，储备优质蛋白质和维生素。

（5）买些水果、茶叶和低热量食物，留备晚上九点到十点加餐一次。

（6）如果没有沙发，备个行军床。

（7）结合病史病历，备个药物急救箱，常用药物要备全。比如，对于有心脏病史及心脏指标异常的同志，速效救心丸和硝酸甘油绝不可少！

2. 加班中

（1）烧一壶开水，泡点绿茶，每20分钟至少补水一次。千万别喝咖啡！

（2）多些间歇放松。具体可参考第4章第2节"如何才能劳逸结合"中的有关做法，这里不再赘述。

（3）注意力要高度集中，不碰手机，不接电话，不看报纸。

（4）遇到任何问题，都不要生气激动。

（5）累了吃点水果。晚上九点加点餐，最好是粥等流食。

（6）如果写到11点还没写完，赶紧躺下睡觉，根据工作进度，把闹铃定在两点、三点。加到这个点也该累了，从养生角度，这个点必须要睡了。睡起来之后效率更高！要坚信这一点！

（7）如感觉胸闷、心慌、心跳过缓、头晕、眼前发黑和肢体麻木，千万别逞强，向亲朋好友打电话寻求支持，赶紧打车到医院寻求专业诊治。有心脏病遗传病史的，赶紧口含若干速效救心丸和硝酸甘油于舌根（强烈建议这两种药，单位电脑前备一份，随身备一份，家里电脑前备一份，枕头底下备一份）。同时，缓缓按揉膻中穴（心前区，这也是人工呼吸中胸前按压点）、内关穴（按到酸、麻、胀、痛，可增强心肌收缩，缓解胸闷、气短、心悸等症状）。两种按压也可长期坚持。

3. 加班后

（1）如果是半夜，赶紧打车回家，洗个澡，打开音乐软件，设置个10分钟或20分钟自动关停，听听郭德纲相声，听听下雨声音，听听舒缓音乐，放松心情准备睡觉。

（2）次日上午若无紧急公务，建议调休，睡到自然醒。若不能调休，见缝插针打个瞌睡。若在窗口单位，打瞌睡的时候必须到办公室无人区，既要确保服务质量，又要维护工作形象。中午时必须补觉。

（3）如果是连续熬夜、精力匮乏，适时向领导申请调休、补休。大战后，安排轮休既是人之常情，也是持续作战之法宝。

（4）总结加班熬夜心得体会，在提升工作效能的同时，就如何发挥工作合力、加强团队建设方面，向领导提出合理化建议。在单位里，如果长期一个人单独加班，要么是自身工作能力不行，要么是管理上有问题。

（5）勤往医院跑。具体可参考第 4 章第 2 节的"如何才能劳逸结合"一文中的有关做法，这里不再赘述。

（6）有过严重急性病史的，要敢于认尿，大胆向单位申请调岗。没有不可替换的岗位，只有是否尽心尽力的态度。你比大家强的，不见得只是能力，可能更关键的是态度。你离开了，其他人其实硬着头皮也能干得差不多。

4. 长期奋战专项工作后

（1）把握张弛有度原则，长期疲劳后别让自己放松得太猛太快，以免情绪上的大起大落、大开大合。就像刚跑完步不能立刻停下来，需要再慢跑一两圈，拉伸拉伸，让身体有个缓冲期和调整期。人的精神也是如此。要尽量保持情绪上的总体平和，让神经有个慢慢调整的时间。

（2）如有条件，应做个全面体检，特别是安排做个心理疏导。

（3）适当让自己闲下来，把工作暂且搁置下来，或者"游山玩水"，或者看看"闲书"，哪怕做做美食，干干家务，兴许能够转移注意力，缓解焦虑，舒缓压力，让自己身心放松，从而达到休整的效果。

（4）要培养一两项可以坚持的日常爱好，尽快释放工作压力，及时舒解压抑情绪。比如，女同志可以逛逛街，男同志可以健健身。

第 9 章 收果子——"我是靠总结经验吃饭的"

毛主席曾说过，"我是靠总结经验吃饭的"。总结经验是在实践基础上进行认识和再认识的过程，是在反复实践和再实践中，不断地把感性认识上升到理性认识，不断地使认识升华和发展的过程。正是"靠总结经验吃饭"，毛主席才写出一系列宏伟著作，带领中国革命走向胜利。我们写材料也应如此，要阶段性复盘，总结经验心得，并在实践中加以检验，不断形成适合自己的写作体系。

第 1 节 边写边悟，写完及时悟

一、写完要及时复盘

经常会有同事问愚拙最近在忙什么大材料。

有时候确实没什么大材料。但在难得的空档期里，愚拙感觉自己比写材料连轴转时还要忙，还要累。为什么呢？

1. 不忙时要补课

一个成熟的笔杆子应该有固化的信息渠道，从中掌握上情下情内情外情。忙时顾不上看的信息，就要在不忙时集中补上。比如，利用一天泛读精读一个多月的《人民日报》、本省党报、本省政府网站、部网站等，各方面重要文件、重要讲话等，《求是》《党建》

《党建研究》等杂志。比如,利用空闲时间,向各业务处室打电话,要来近期的材料、文件,并精读、比对、更新模板。这样的一天,是不是动脑密集度及工作强度比忙时更大呢?

2. 不忙时要复盘

没有总结就没有提升。流水式的材料,如果不及时复盘,除了概括归纳能力可能提升外,从长远看,可能长进并不大。

那么复盘时,到底要盘什么?

一要盘业务。具体盘历史沿革、发展阶段、发展现状、存在问题、下步对策,盘上情下情内情外情,盘业务信息渠道的固化。

二要盘技法。具体盘起草前后中的酝酿、构思、架构、成文,盘调度调研的渠道、方式、方法,盘人力的配备、协调,盘精力和时间的分配。

三要盘意图。具体盘在领会意图方面的心得和体会。

总之,要通过复盘,提炼出规律性的感悟,提炼出下步努力的方向,提炼出固化的信息渠道。

盘的具体标准是什么?盘的过程本就是对业务工作和写作规律深化的过程。从形式上,要建立电子和纸质两个文件夹(档案)。能用电子版存的就用电子版存,查阅起来更方便。

尤其是在写完大材料后,要及时在电脑上建个专门文件夹,内设若干子文件夹。一个专门存各类定稿,既包括讲话稿等大材料,又包括服务于大材料拟写过程中的调度通知、方案等材料。一个专门存历史稿,把一稿二稿三稿都存好,里面有很多阶段性的提炼,虽然没有在最后一稿中体现,但对以后如何归纳是一种借鉴。一个专门存基础素材,即上文提到的关于上情下情内情外情的各类材料。

这样做的好处是啥？可以为以后起草类似材料提供一整套模板及宝贵素材，大大提升之后的写作效率和文稿深度、厚度。

二、如何培养写的悟性？

愚拙的粗浅看法是：悟性来源于坚持不懈的付出和始终如一的高标准高要求！愚拙的体会是，写好材料，可以从事前、事中、事后三个方面进行修炼。这三个方面中的很多内容，前面已详细讲过，这里再简要进行归纳提炼。

1. 事前：动态掌握各方面情况

要想保持输出端的持续稳定，保持一个相对高水平的写作状态，就需要持续稳定的输入，动态掌握各方面的情况。

很多工作，需要动态掌握的情况太多，需要输入的会议材料、讲话材料、信息材料非常多，都需要深阅读深思考，对体力和精力考验是极大的。但没有这些作支撑，肯定写不出高质量的文稿，工作也很难干在点儿上，在输出端也难以做到稳定高质量。

因此，要把功夫下在平时，把任务散到闲时，争取做到闲时不闲沉淀储备、忙时不忙有粮不慌。

（1）立足大局工作和领导关切，广泛搜集、调度和研习上情、下情、内情、外情，动态掌握上面的政策资讯、下面的一线实践、内部的具体进展、外部的经验做法，学习思想理论，学习共性方法，学习语句表达，做好组织和领导的眼睛和外脑。以"外情"为例，如在市一级工作，全国排名前30市、全国资源禀赋相近市、全省其他市的综合性材料，均应该主动收集研习。研习中，重点参阅亮点思维、共性方法及可复制、可借鉴的措施办法。

（2）对一些例行的文稿，不要被动等上面通知，要主动及早谋划设计、及早调度调研，全面弄清情况，科学研判形势，深入研究举措。在上级那里挂号的大事是能够数过来的。平时应保持敏感性，多主动储备素材，多掌握情况。在任务来时，就能够第一时间明确进展部分找谁要最新情况最新数据，问题部分从哪几个材料中汇总并找谁确认，下步打算可从哪些重要材料中找方向。

（3）随时关注工作动向，及时搜集整理有关进展情况，形成一个进展模板，隔一两周就主动更新一次，在推动工作的同时，也能随时应对各种"遭遇战"。

（4）建好电子文档库，捕捉好材料好素材，精读泛读后及时分类备存，养成分类动态储存研究前沿理论、动态资讯、典型经验的习惯。

（5）建好材料柜，或者按业务或者按上下内外或者两者兼容地存放有价值的重要文件资料、会议材料、讲话材料及各类信息载体。

2. 事中：做好战时深度恶补

干工作，写材料，能否快速打开局面、扭住关键，一方面取决于长时间艰苦细致的学习、思考、储备、积淀，也就是把"恶补"放在平时，另一方面也取决于战时的"深度""恶补"。

具体起草文稿时，要格物致知、竭尽全力，快速领会领导意图，快速调动平时储备，快速调度调研最新情况、最新素材，快速熟悉上情、下情、内情、外情，从中酝酿文章的思路架构，提炼观点，储备必要的论据。

（6）吃透上级意图。如果是纸质通知，应就有关要求逐字逐句理解。有不明白不确定的，或者想进一步深入了解意图，就直接拨打通知上的电话，那往往是通知起草者的联系方式，而起草者是最清楚上级部门意图的。如果是电话通知，在记完有关要求后，还应向来电同志重复一遍，看看理解是否到位。

（7）建一个文件夹，把所有之前储存的、陆续收集到的相关材料、相关素材放进去，以节省文件夹之间开来开去、关来关去的时间，也方便对比查阅，捋清前后关系，做到整理上的大集成。

（8）查阅上级有关重要会事、重要文件、重要讲话、重要批示指示，特别是到本地区本部门调研工作时的有关指示要求，捋清楚任务特别是其中业务工作的来龙去脉，以确保文章应有的站位、视野及遵循。

（9）梳理领导近期有关发言材料，对不同场合有关讲话进行研读，在内容、思维、语言方面应基本保持一致。

（10）向有关部门调度调研最新进展情况、下步打算。尽量避免一次性机械调度的做法，可问熟悉业务的同志要近期成熟的系列材料，以避免临时调度的局限性和提供材料维度的单一性，以减轻基层负担，获取更多有价值的资料。

（11）查阅文件柜、文件库中收藏的有关综合资料、专题材料、会议讨论材料及其他各类相关信息，以确保文章的厚度和深度。

（12）查阅电脑文件库、微信公众号、学习强国 APP 里的有关存货，集中扫一遍。

（13）找找动笔快且框架布局已通过的兄弟部门、单位执笔人，问问思路。

3. 事后：做好深度复盘

大的任务结束后，要及时复盘。简单的复盘，是把与任务相关的文件都单独存到一个文件夹，留备以后参考使用；深度的复盘，是梳理从受命到完稿的全过程，尤其是文稿起草环节的立意、思维、框架、思路。

（14）及时复盘梳理起草前、起草中各环节、各细节，将各类定稿资料、参阅资料整理成一个文件包，以便全面复盘和事后查阅。

（15）反复研究领导修改过的稿子，进一步研究领导意图、思维、语言风格、业务关切。

（16）多问自己几个问题。反复研究起草前、起草中哪些环节可以优化，哪些工作可以做在平时，哪些储备可以加强，哪些经验可以固化，哪些教训可以汲取。这次的定稿和素材，以后又可以参考用于哪些材料。

写材料没有捷径，平时多结硬寨，战时才能又快又好。快且好的前提是下足笨功夫、慢功夫。

第 2 节 材料的能力迁移

一、以拟写文稿的思维办好会务

总体上看，将拟写文稿的思维方法迁移到处理会务中，可以使会务更系统、更严谨、更细致。

实际上，对于某些规格较高的会议而言，有些会务本身就是材料，或者用材料呈现出来更直观，效果更好，比如：会议方案、会议通知、会议议程、发言材料、审议材料、参阅材料，等等。为提高办会效率和规范性，可在平时工作中，结合各级有关做法、单位传统惯性、自身实践经验，建立起规范性体例模板。

在会务中，少不了上上下下的大量沟通协调。负责文稿写作的同志，要在沟通协调方面多动脑筋，别轻易给大家留下不懂协调的印象。协调的本质是能够说透。其实，通常而言，能把材料写好的同志，是完全可以将此能力迁移到协调工作上的，毕竟材料的本质就是要求负责文稿写作的同志把事、人、景研究透。各种情况都研究透了，还有什么说不透呢？完全应该说得比谁都透都好！

因此，负责文稿起草的同志，要重点思考：面对不同层级人员，如何能够把已研究透的东西说透。

要做到说透，首先要把事情想明白、想透彻；其次要用最简洁的文字写出来，反复思考有无遗漏；最后，再根据实际情况，通过或者书面或者打电话或者发信息进行协调。

这就需要每次会后，第一时间及时甄别、有序储存各类资料，及时复盘梳理经验、汲取教训，并存储到一个文件夹中。这个文件夹要定期查阅、随时复盘，尤其是以后逢会必查、会后再储。如此，通过一次次办会，将文件夹做得越来越强大，越来越有序，越来越实用。

会务工作，有时又有其独特性，也不能完全用拟写文稿的思维处理。材料可以随时修改，会前可以改，会中可以改，会后发布前亦可以改，有很多机会"纠错"。而一些会务工作，比如会标、议程、桌签等，是难以"纠错"的。在信息时代，一旦出现差池，会造成极其恶劣影响，是很难挽回的，必须慎之又慎。这方面的案例层出不穷，不能光看笑话，要引以为戒，从中汲取经验教训。这就需要不懂就问，多方询问，不能擅自想象和发挥，越忙越要严谨。要牢牢记住：有时候，离开了准确性，有些所谓的忙都是瞎忙或帮倒忙。

二、只会写材料不会说话，怎么办？

很多笔杆子，材料确实写得不错，但当众表达能力较弱，很容易给领导和同事留下书呆子的印象。

长此以往，这些笔杆子只能一直在台下点灯熬油、伤精坏神地

吭哧吭哧写，难以全方面经受磨砺、展现才华、成长进步。

正常而言，能写得好了，也应该说得好啊。

确实，但凡好的材料，都是对事、人、体、景进行了深度研究，在上情下情内情外情掌握、谋篇布局、观点提炼、逻辑梳理、语言呈现等方面下了很大功夫的。

从这点上看，能把材料写好，就应该能将这种能力迁移到说上。也就是说，每个笔杆子都应是能够当众说得好的潜力股。

但潜力毕竟不是即战力。那么，笔杆子究竟怎样才能练就会说的战斗力呢？

1.增强自信：当众表达比写材料简单多了！

要时刻向自己灌输：那么难写的各式各类材料都没难到我，何况这简单的表达？！

只要把文稿起草的那么一部分精神、意志、精力拿出来，从理论上深彻研究，从实战上加以磨砺，就不愁表达不好。

实际上，笔杆子通常协调能力、表达能力是不错的。调度调研情况时，表达得并不差啊。面临急难险重文稿任务时，总能把复杂的事用简单的话语表述出来，最终获取想要的情况和素材。

其实，当众表达比这要简单得多！

如果是因人多场面大而怯场，就当他们不存在好了。

一对一面对领导时，我们历来不卑不亢。一对多座谈调研时，我们都是从容淡定。

见这么多人怎么了，就当空气呗，多想想自己曾经有的不卑不亢、从容淡定。

什么人物没见过啊？什么阵势没经过啊？

自己要比台下大多数人思想格局大，认识见解高，逻辑语言优，只要把写材料中的一点点展现出来，就足以轻松应对了！

以写材料的自信走到台上，以起草材料的视角目空一切（视觉中空，思想上要谦卑）。有了这个自信，就离完美表达不远了。

2. 改变习惯：先完成才能真完美！

起草材料的过程比当众表达的过程要复杂得多，路径也有不同之处。

写材料可以不断修改，在相对较长的时间中逐步完美；当众表达只能说一次，说得好与差就在当时。

很多笔杆子，虽说写得不差，但写得不快，且离开了电脑很难从容写下去。其写作过程和习惯，决定了其并不擅长只提供一支笔一沓纸的传统写作方式。这也是很难做好当众表达的重要原因之一。

如果存在这方面问题，建议改变起草材料的习惯，要尝试先完成再完美，先气韵贯通地谋篇布局、提炼观点，用脑子涌现出来的思路和语言写下去，直到写完。写完后，再去调整完善。没准写的过程中，还会电光石火、灵光乍现呢。

实际上，这个过程同传统写法一致，同当众表达也一致。不论写材料，还是当众表达，都尽量不要边写边磨，写一句磨一句，一写三回头。不要只见局部不见全局，不要只纠结于眼前的起承转合，忽视了全篇的气脉贯通。

当众表达，并不像写材料那样，那么在意严密的逻辑，它允许你适当跳跃性表述。它在意的是你总体的大逻辑，而不是起承转合这些边角逻辑；它在意的是你的总体观点和同受众的即时互动，而不是反复打磨的那些高冷四六句。

如果说需要十成准备才敢把材料端出来的话，那么当仅仅有三

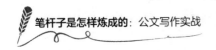

成准备时，就要敢于当众表达出来。

3. 勤于练习：好的现场表达，都是一次次练出来的！

一是在实战中练。抓住一切当众表达的机会，争着说、敢于说。

如果有准备时间，把稿子先写出来。要针对受众特点，用口语化的语言，一句一句写出来，再对着镜子对着家人模拟，大胆说出来，并设计合适的手势、语气。

如果是即兴发言，要用最快的时间把提纲列出来。不要太在意一二三之间的逻辑，关键是内容的新鲜有效、观点的提炼摆布。只要有三成把握，就大胆去说。说的时候，语速尽可能慢些，多给自己留深入思考、组织语言的缓冲时间。留心观察那些演讲高手和身边的领导，大都语速很慢。

二是在模拟中练。公考、遴选的面试题，就是非常好的练习素材。既能练习自己在短时间内谋篇布局、厘清思路、组织语言的能力，还可提升自己的应试能力。

平时多关注公考、遴选的模拟题，定期强迫自己答几道题，迅速列出提纲，勾勒出几个关键词，串联起整个语言。用流畅的语言，表达可能逻辑不太精准的内容，做到听起来相对顺畅，看起来相对从容。长时期练下去，就离成功不远了！

期待笔杆子们都自信起来，改变起来，练习起来，让自己既能写，又会说，全方面磨炼自己、提升自己，给大家展现一个全能的自己！

第3节 再为笔杆子们说点话

一、透支时,分外材料如何拒写?

作为搞材料的,受命改材料是家常便饭,也是职责所在。

但有时,有些要求改的材料确实啥也不是,没有任何修改的价值。

那么,究竟什么样的材料可以改,什么样的材料没法改?尤其是那些没法改的材料,应怎样合理地"推"呢?

愚拙反复说过:好的材料,从来都是良心材料,都是基于深度研究事、人、体、景,把各方面情况搞清搞透,恰到好处地有机提炼,用最相对合理的观点统率起来,且能够在不同场合、不同背景下,面对不同受众,用不同方式呈现出来。

把事搞透是写好材料的基本前提。一般而言,只要对事进行了深度研究,把工作想透、干透、兜透,这个材料就有了修改的价值。如果再对人(用者和受众)、体(体例)、景(场景、背景)有所研究,就没有多少修改难度了。修改者或者统稿者,只要利用理论和实践上的积累,就能将其打磨成一个好的材料。

但是,一个材料如果把事研究和呈现得稀碎,上情下情内情外情不清不楚,相关工作的历史沿革、发展现状、理论前沿、形势问题、对策思路知之甚少,就是简单粗暴地罗列堆砌,没思想、没立意、没主线、没逻辑、没内容,就基本没有修改价值了。

再加上如果对人、体、景没有丝毫研究,估计会气死修改的同志。如若赶上修改的同志工作繁忙,动脑密集度大,处于极度疲劳和焦虑状态,搞不好还会生气伤身。

基本功课都没做,基本情况都没搞明白,还想让人家改,这不

是欺负人吗？都知道材料不好写，这是逼着人家再去大晚上的"恶补"吗？

假如遇到这种情况，接到这样改材料的任务，应怎么处理呢？

具体要看是专项还是综合材料，本职外还是本职内材料，交代任务的是上级、平级还是下级。如果是上级，是分管自己，还是不分管自己。另外，还要看自己平时对这块的研究深度，自己当时的繁忙程度、工作强度及身体状态。

总体上，在自己各方面允许的情况下，能帮着改就改吧。

另外，各方面都不凑巧，自己体力脑力精力透支且不是直接领导交代时，还要适当学会婉拒。如何婉拒呢？

如果是非分管的单位领导找，估计八成是他也感觉这个材料太烂，对承担材料的处（科）室很头疼，但又由于种种原因，不愿意带着他们改。面对这种情况，绝不能直接拒绝，还是要接的。可以把自己手上排满的任务如实向领导汇报，试着这样说："领导，感谢您的信任。您看，我现在手里任务很多，白天没有时间了。晚上让这个处（科）室的处（科）长和负责起草材料的干事都留下来，一块研究材料如何？我先把手头的材料处理一下，估计晚上九点十点应该可以腾出一段时间。您先让他们在这个时间前，把这项工作的上情、下情、内情、外情集中梳理一遍，做一份文献综述好吗？他们资历都比我老，我不便直接跟他们说，能否请您跟他们交代一下？这样，我们也能在最快的时间把这个任务完成好。"通常，领导会予以支持的，并且下次找你改材料时也会掂量掂量。因为你至少传达了3条信息：一是你也很忙，一直超负荷运转；二是领导手下的人不能轻易摆脱这个材料，即便让你改，必须带上他们一块加班；三是你对工作、对人性看得很透，虽然老实能干，但并不傻。

如果是平级单位、平级同事找，那就直言相告你的负荷，直接婉拒。如果他们说已经找过你的顶头上司，说是顶头上司让你写的，你就直接说那让顶头上司直接跟我说吧。他们没把活干明白，还拿领导压人，就别怪咱也甩脸子。毕竟自己的领导还是好沟通的，自己的负荷他是清楚的，如果不清楚就直接汇报。另外，也要正确领会领导的意见，领导是让帮着看，没有让直接上手改啊。这样的材料，实在没法上手。可以一二三四地列上修改意见，让他们自己去修改，这也是仁至义尽了。即便对方是以特别着急为借口，也别太搭理。既然这么着急了，就这态度？就这研究精神？写完后，他们副处（科）长看过了吗？处（科）长看过了吗？是否代表他们处（科）室的最高水平？如果没有，别跟咱们嘚瑟。单位里是讲究互相尊重的。干得好，自然受到尊重。干得稀碎，还想吆五喝六，也别指望得到尊重。

以常说的一段话作为结尾：要想成为笔杆子，不见得是天赋问题。没有一个材料是好写的，大家在写材料时遇到的困难，笔杆子们也会遇到，大家在写材料时面临的孤独，笔杆子们也深有感触。

二、让基层笔杆子少些焦虑

不管是"老机关"，还是初入职的新手，几乎人人谈"写"色变。几乎各级各单位都反映缺能写的。那么，为啥会出现这种情况呢？在第1章第1节的"缺写手的实质是什么？"一文中曾剖析过本质，这里再补充两点认识。

第一，"写"是一份苦差事。无论何种体例、多大篇幅，凡白纸黑字，均要求严肃、严谨，准确、无误。特别是重要会事、重要紧急文稿，更是要字斟句酌，确保零失误。长年累月，如此节奏快、任务重、压力大，对起草者的体力、脑力、精力无疑是巨大挑战。

一个单位里负责起草材料的,特别是起草综合类大材料的,几乎都是病秧子。

第二,"写"是一种稀缺品。愚拙曾旗帜鲜明地反对"能者多劳"这种体制内常用的激励词语,说得客观点、深刻点、直白点,应该说是"愿者多劳"。这不是能力问题,而是态度和品质问题。而体制内却长期缺乏机会成本的概念,泛滥人情成本的概念。成为稀缺品的"愿写"者,自然就成了过劳者,职能职责相关的全让其写;不相关的,只要其不拒绝,也统统让其写。"愿"写的,成了清道夫;不"愿"写的,成了清谈客。到了提拔评先推优的时候,不"愿"写的不再承认"愿"写的是能者,甚至给其扣上不懂协调的恶名。到最后,人情成本和时间资历成为重要平衡因素,"写"材料的得不到实惠。

那么,如何让基层笔杆子少些焦虑,如何让写手不再稀缺呢?

1.对材料的本质要有正确认识

材料的本质是深度研究事、人、体、景。其中,排在第一位的是深度研究工作。体制内就应该扁平设计、各干一摊、各负其责,谁家的孩子谁抱,谁守哪摊谁来写。人人都是干业务的,人人都是写材料的。让干业务的写领域内材料,让负责起草材料的干业务工作。承担业务工作,就应该全面梳理业务上情下情内情外情,动态搞清历史沿革、发展现状、存在问题、下步对策;就应该承担起掌握情况、谋划设计、研究推动、具体落实的全流程、全环节,并在不同阶段,负责用文字准确全面表达。干好业务的极致,就是把事、把人、把体、把景研究通透。只要研究通透了,文字上就不是什么难事。如果连具体干业务的都想不明白、理不清楚、干不明白、写不出来,甚至是什么也没干,就别让所谓负责起草材料的综合人员补漏。

2. 对写材料多的要有"机会成本"概念

要把写材料多的同志的体力脑力精力作为体制内人力资源管理和任务分配的重要考虑因素。体制内管理固然有其特定规律，但应引入企业管理、市场管理的一些有益经验。要敢于割舍人情成本，正视机会成本，不欺负"愿"写的，敢得罪偷懒耍滑的。让"愿"写的有时间休息，有时间充电学习，有机会成长进步。让偷懒耍滑的，收起心来研究业务，拿起笔来深度研究。

3. 调度情况时，尽量不设太多框框，尽量不给基层添麻烦

各级包括同级综合部门，在向基层单位调度情况时，特别是紧急调度时，尽量少一些体例、比例、字数上的条条框框。上级或平级的综合部门，平时可以每半年或每季度例行调度，留出充足时间，让基层去总结和思考；内部间要加强对已调度材料的共享和存储，尽量一个材料多用，拟紧急材料时，若有可能，打打电话补充最新情况即可。愚拙在工作实践中做综合的经验是：从核稿、督查、发文、信息稿等角度，只要发现业务部门的重要进展、重要阶段性材料，通通要过来学习、储存，既是深度研究业务的一种方式，又可增强调度针对性、主动性，减少僵化、紧急、无效的调度。这样就有效避免了上午刚通知，下午就要材料的尴尬。

4. 笔杆子要学会时间管理和劳逸结合

人的焦虑主要源于内心的不确定性。当有很多工作叠加且头绪不清时，就会焦虑和惶恐。愚拙的经验是，及时动态把各种工作任务记入电子文档备忘，将不确定性尽量降低为零，把需要干什么、怎么分解理得清清楚楚。具体是：每天早上到单位时，从电子文档备忘录中打出未完成任务清单，排出一二三四五，想明白一天工作的着重点。按照轻重缓急依次推进，这样既兼顾了紧急的事务性工

作，又能利用间隙时间酝酿一些重要文稿，可极大缓解焦虑情绪。每天都会有新的任务，要及时写到打印出的那张纸上，一并按照轻重缓急原则办。实在兼顾不了的，拿着任务清单，向领导汇报原委，由领导协调人力一块推进。如此，完成一项勾一项，勾掉了种种不确定性，就勾掉了焦虑的源泉。每晚下班前，将纸上清单中的任务记录到电子文档中。梳理一下，这一天完成了哪些工作，哪些工作还需要哪天完成。更多方法，已在第4章第1节中详述，这里不再赘述。

最后，愿基层笔杆子少些焦虑，多点时间照顾自己、回归家庭。

下篇 素材篇
——机关公文常用词语集锦

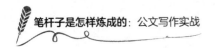

1990年，时任宁德市委书记的习近平同志在同宁德地县办公室干部谈心讲话时，曾指出，要"培养、选调一些文秘写作能手，使领导在遣词造句上不用再花费脑筋，这是最起码的要求"。那么，对于我们"笔杆子"来讲，问题来了：如何才能做到"使领导在遣词造句上不用再花费脑筋"，满足这一"最起码的要求"呢？

愚拙结合这些年来起草材料的一些做法和体会，尝试回答这个问题。

为了达到这一"最起码的要求"，能够做到以文叙事，用合适的词和句，把领导的思想体现得充分一些，愚拙前后用了两三年，在平时读《人民日报》等报刊及有关讲话材料等文稿的过程中，有意识地把其中的词句分类记录下来，原创整理了公文常用词语集锦。

随着时间慢慢拉长，词、句积累得也越来越多。但有时写材料着急用的时候，很难第一时间找到，甚至心里越急越难找到。这就产生了词、句如何有序放置的新问题。

为了解决这一问题，也为了提升积累的效质，愚拙结合日常起草文稿的使用需要，开始了分类整理的尝试，不知不觉中细分出了三五十个类别，先后历经十多个版本的更新。

以四字词语分类集锦为例，这是愚拙的箱底材料，据初步统计，总传阅量已达百千万级别。其中的2000多个词语，是愚拙从数千篇文章中分类提取的。

乍看，这些词语似乎冰冷、枯燥，但按规律分类呈现，对启迪思想、谋划布局、搭建框架、措辞造句都会有一定启发。愚拙每写材料，都会翻翻，或者激发灵感，或者消除遣词造句的苦恼。也很荣幸，自己的一些积累，也为其他笔杆子减少了一些工作负担，增加了一些创意灵感，提高了一些工作效率，使很多写手和领导在遣词造句上不用再花费太多脑筋。

这些词语有哪些呢？阅读下面内容便知。

第10章 机关公文常用的四字词语

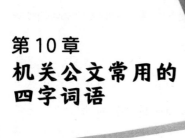

第1节 适用汇报、总结、讲话、政务信息等综合文稿的万能词语

一、提炼成果类小标题常用词语

具体使用公式：具体业务工作＋词句。具体使用攻略可查阅第7章第3节中《快速列成效类提纲的小套路》一文。以下主要按使用频率从高到低排序。

1. 更加××

更加完善，更加凸显，更加巩固，更加彰显，更加坚定，更加坚强，更加坚实，更加强劲，更加响亮，更加广泛，更加成熟，更加定形，更加鲜明，更加多元，更加开阔，更加优化，更加壮大，更加美丽，更加改善，更加和谐，更加强化，更加活跃，更加精细，更加便利，更加科学，更加聚神，更加聚焦，更加聚力，更加有力，更加晴朗，更加繁荣，更加友好，更加明确，更加丰富，更加协调，更加亮丽，更加充实。（其他以"更"字开头词语：更为坚实，更趋稳健，更具活力，更多增进，更快提升。）

应用案例：

①五年来，我们追赶跨越，综合实力更加壮大；
②五年来，我们提档升级，产业结构更加优化；
③五年来，我们统筹发展，城乡面貌更加美丽；
④五年来，我们攻坚破难，发展动力更加强劲；
⑤五年来，我们共建共享，社会民生更加改善；
⑥五年来，我们坚守底线，社会大局更加和谐；
⑦五年来，我们凝心聚力，党的建设更加强化。

（摘自洪雅县第十四次党代会报告）

2. 不断××

不断深入，不断深化，不断优化，不断增进，不断增强，不断加强，不断提高，不断坚定，不断改善，不断完善，不断巩固，不断彰显，不断涌现，不断扩大，不断发展，不断拓展，不断提升，不断明晰，不断回响，不断健全，不断加大，不断规范，不断集聚，不断清晰，不断凸显，不断释放，不断夯实。

3. 持续××

持续改善，持续壮大，持续加大，持续放大，持续升级，持续向好，持续发展，持续完善，持续深化，持续优化，持续增强，持续增进，持续提升，持续释放，持续繁荣，持续下降，持续迸发。
（其他第二字为"续"字词语：继续改善，继续回暖。）

4. 明显××

明显提升，明显提高，明显提质，明显增强，明显加强，明显好转，明显进步，明显改善，明显推进，明显改观，明显优化，明显加快,明显见效。

应用案例:
①五年来经济实力明显增强;
②五年来城乡面貌明显提质;
③五年来社会事业明显进步;
④五年来人民生活明显改善;
⑤五年来改革创新明显推进;
⑥五年来基层党建和党风廉政建设明显加强。
(摘自沅陵县第十二次党代会报告)

①综合实力明显提升;
②结构调整明显加快;
③发展活力明显增强;
④人民生活明显改善;
⑤生态环境明显好转。
(摘自湖北省2018年政府工作报告)

5. 加速××

加速形成,加速转换,加速成长,加速优化,加速筑牢,加速增强,加速改善,加速重塑。(其他以"加"字开头词语:加快完备,加快构建,加快改善,加快转换,加快补齐。)

应用案例:
①新动能正在加速成长。

②结构布局正在加速优化。
③发展底板正在加速筑牢。
④动力活力正在加速增强。
⑤社会民生正在加速改善。
⑥政务生态正在加速重塑。
（摘自山东省2020年政府工作报告）

6. 显著××

显著增强，显著改观，显著改善，显著完善，显著提升，显著提高，显著加大，显著增进，显著减少。

应用案例：
①经济实力显著提升
②转型升级显著加快
③创新能力显著提高
④基础设施显著完善
⑤动力活力显著增强
⑥民生福祉显著增进
（摘自广西壮族自治区2018年政府工作报告）

7. 稳步××

稳步提升，稳步提高，稳步推进，稳步增长，稳步发展，稳步实施。（其他以"稳"字开头词语：稳中有进，稳中有升，稳中有变，稳中向好，稳妥推进。其他以"步"字作为第二字的词语：逐步完善，逐步扭转，逐步健全，逐步提高；同步推进，同步实施，同步进行，同步优化；初步形成，初步构建。）

8. 日益××

日益规范，日益健全，日益增进，日益成熟，日益浓厚，日益增强，日益完善。（其他以"日"字开头词语：日趋协调，日趋凸显，日臻完善，日渐清洁。）

9. 全面××

全面加强，全面提升，全面深化，全面进步，全面推进，全面展开，全面发展，全面改进。

10. 基本××

基本建立，基本实现，基本形成，基本完成，基本刹住，基本平衡。

11. 得到××

得到增强，得到提高，得到加强，得到改善，得到优化，得到增进。

12. 保持××

保持稳定，保持优良，保持低位，保持平稳，保持一致。

13. 大幅××

大幅提升，大幅改善，大幅改进，大幅增长。

14. 更趋××

更趋完备，更趋协调，更趋合理。

15. 取得××

取得突破，取得进展，取得实效。

16. 总体××

总体平稳,总体稳定。

17. 深入××

深入推进,深入人心。

18. 相继××

相继问世,相继出台。

19. 有效××

有效实施,有效遏制。

20. 顺利××

顺利实施,顺利完成。

21. 空前××

空前释放,空前高涨。

22. 多点××

多点突破,多点开花。

23. 优化××

优化提升,优化升级。

24. 切实××

切实加强,切实维护。

25. 步伐××

步伐坚实,步伐加快。

26. ××完善

健全完善，更加完善，不断完善，持续完善，显著完善，逐步完善。（其他以"善"字结尾词语：继续改善，民生改善。）

27. ××增长

高位增长，快速增长，小幅增长，较快增长。

28. ××推进

扎实推进，纵深推进，统筹推进，有序推进。

29. ××实施

落地实施，加快实施，顺利实施，大力实施。

30. ××提升

优化提升，质量提升，有力提升。（其他以"升"字结尾词语：企稳回升。）

31. ××加快

步伐加快，建设加快，转型加快。

32. ××强劲

增势强劲，依然强劲，势头强劲。

33. ××成效

卓有成效，富有成效。

34. ××有力

强劲有力，务实有力。

35. ××纷呈

亮点纷呈，异彩纷呈。

36. 从×到×

从小到大，从弱到强，从有到优。

37. 成×××

成效显著，成效明显，成效突出，成果丰硕，成果突出，成为样板。

38. ×上××

点上出彩，线上结果，面上开花。

39. ×创××

再创佳绩，开创新局。

40. ××最×

跃升最快，效果最显，变化最新，受益最广，投入最多，发展最好，成效最优，成果最丰，推进最实，力度最大。

应用案例：
①综合实力跃升最快；
②结构调整效果最显；
③城乡面貌变化最新；
④人民群众受益最广；
⑤基础设施投入最多；
⑥社会事业发展最好；
⑦改革创新成效最优；

⑧开放合作成果最丰；
⑨民主法治推进最实；
⑩党的建设力度最大。

（摘自定远县第十四次党代会报告）

41. ×××进

砥砺奋进，创新推进，相互促进，提速前进，互促互进，齐头并进。

42. ×××好

态势良好，开局良好，生态向好，抓牢织好，形稳势好。

43. ×××强

切实加强，活力增强，后劲增强，力度加强。

44. ×××振

为之一振，极大提振。

45. 其他

相得益彰，初具规模，进展顺利，深刻转型，均衡普惠，殷实安康，硕果累累，普遍提高，丰富多彩，频繁活跃，健康发展，形成品牌，蔚然成形，同频共振，合拍共鸣，力度空前，举世瞩目，作用明显，竞相迸发，名列前茅，蓬勃发展，广泛弘扬，普遍增加，胜利完成，焕然一新，巩固发展，压茬拓展，次第展开，扎下深根，撑出枝丫，蔚然成林，激荡人心，愈益清朗，活力释放，守正出新，筑底企稳，百舸争流，千帆竞发，敢动真格，及时有力，高潮迭起，渐成主流，跃然升华，愈加坚定，活跃有序，令人惊艳，连战连捷，销售旺盛，符合预期，精彩纷呈，惠及人民，提前实现，决胜在望，祥和稳定，全部兑现，如期清零，加力增效，和睦和谐。

综合运用案例：
①五年来，我们坚持稳中求进、科学赶超，综合实力明显增强；
②五年来，我们坚持强基固本、项目带动，竞争优势日益凸显；
③五年来，我们坚持旺旅兴工、聚力转型，增长动力加速转换；
④五年来，我们坚持融城带乡、协调发展，城乡面貌显著改观；
⑤五年来，我们坚持重教治贫、共建小康，民生福祉持续改善；
⑥五年来，我们坚持管党治党、从严治党，党的建设全面加强。
（摘自新化县第十二次党代会报告）

①这是大事喜事精彩纷呈的一年；
②这是全面小康取得决定性进展的一年；
③这是高质量发展形稳势好的一年；
④这是发展成果更多惠及人民的一年。
（摘自湖北省2020年政府工作报告）

①这五年，是砥砺奋进的五年；
②这五年，是生态向好的五年；
③这五年，是民生改善的五年；
④这五年，是活力释放的五年；
⑤这五年，是守正出新的五年；
⑥这五年，是后劲增强的五年。
（摘自青海省2018年政府工作报告）

①这五年，是陕西综合实力大幅提升的五年；
②这五年，是全省经济结构质量优化的五年；
③这五年，是人民群众生活持续改善的五年；
④这五年，是三秦大地面貌深刻变化的五年；
⑤这五年，是创新创造活力竞相迸发的五年。
（摘自陕西省2018年政府工作报告）

二、提炼措施类小标题常用词语

使用公式：坚持/聚力/聚焦/围绕/紧扣等＋词语，一般两句或多句式，作状语用。具体可结合第7章第3节中《快速列措施做法提纲的小套路》研习使用。

关于措施类

多措并举，标本兼治，精准发力，立新除弊，兜底提标，追赶跨越，提档升级，统筹发展，攻坚破难，共建共享，坚守底线，凝心聚力，稳中求进，科学赶超，强基固本，项目带动，旺旅兴工，聚力转型，融城带乡，协调发展，重教治贫，共建小康，助力融资，援企稳岗，就业优先。（**注**：**更多词语，亦可从如下类别中侧重方法论类词语中选用**）

应用案例：
①五年来，我们始终坚持党要管党、从严治党，全面加强党的建设，不断夯实执政基础、优化政治生态；
②五年来，我们始终坚持不忘初心、善作善成，围绕富民强县根本目标，不断科学发展、跨越追赶；

③五年来，我们始终坚持善待环境、保住本底，立足生态育县不动摇，不断巩固优势、转化效益；

④五年来，我们始终坚持稳定增长、转型升级，专注产业兴县强定力，不断壮大总量、提升质量；

⑤五年来，我们始终坚持厚德崇文、以文促经，探索文化立县新路径，不断凝聚认同、扩大影响；

⑥五年来，我们始终坚持以人为本、统筹城乡，狠抓城镇上档、新村打造，不断改善面貌、完善服务；

⑦五年来，我们始终坚持因地制宜、试点推进，全面深化改革、依法治县，不断强化保障、增强后劲。

（摘自蓬溪县第十三次党代会报告）

①这五年，我们坚持量质并重、跨越赶超，县域经济综合实力持续增强；

②这五年，我们坚持项目引领、多城同创，城乡统筹建设取得显著成效；

③这五年，我们坚持共建共享、民生为本，人民群众生活更加幸福和谐；

④这五年，我们坚持改革开放、外向融合，内生发展动力不断得以激活；

⑤这五年，我们坚持固本强基、严实创新，全面从严治党已然形成常态。

（摘自金湖县第十二次党代会报告）

第 2 节　适用综合类讲话稿等专项词语

一、适用"为什么"暨讲必要性、论形势类词语

1. 关于必要性

大局需要，现实需要，迫切需要，内在需要，客观需要，客观要求，内在要求，必然要求，重要内容，重要基础，重要保证，重要保障，根本保障，有力保障，治本之策，应有之义，重大举措，关键所在，有效举措，基础支撑，战略举措，有效路径，具体行动，职责使命。（**注：具体可结合第 7 章第 3 节中""性""感"法则"研习使用**）

2. 关于形势

察势者智，驭势者赢，人心思稳，人心思进，人心思富，常观大势，把握大势，胸怀全局，统筹全局，胸怀大局，着眼大事，常思大局，准确识变，破局求变，科学应变，主动聚变，精准裂变，催生质变，形势逼人，挑战逼人，使命逼人，因势而谋，因势而动，应势而动，顺势而为，因势而进，分析形势，沟通思想，凝聚共识，谋划未来，登高望远，居安思危，拓宽视野，放眼世界，找到坐标，找到定位，紧跟时代，把握潮流，厚植优势，自信坚定，瞄准靶向，赓续过往，立足当前，着眼长远，具有优势，占据先机，得之如宝，失之不再，任务艰巨，道阻且长，有待提高，任重道远，历史所鉴，事业所需，人心所向，众望所归，必由之路，滚石上山，爬坡过坎，逆水行舟，不进则退，标兵渐远，追兵迫近，时间紧迫，不能停顿，任务艰巨，不能大意，千钧重担，不能放松，务必全胜，不容有失。

3. 关于谋划

思深益远，谋定后动，稳中求进，以稳求进，以进固稳，定好盘子，厘清路子，开对方子，宏观运筹，整体设计，先谋于局，后谋于略，略从局出，举旗定向，定向统领，统揽全局，多谋善断，凝魂聚力，摆兵布阵，谋篇共建，谋篇布局，巨细靡遗，前瞻谋划，科学谋划，冲锋冲刺，决战决胜，站在高处，望着远处，抢在前边，科学部署，一张蓝图，蓝图绘就，路标竖起，审时度势，精心谋划，超前布局，力争主动，按时施工。

二、适用"是什么"暨讲具体业务类词语

1. 关于营商环境

精简事项，简化流程，降低费用，聚焦主业，坚守实业，依法合规，审慎经营，审慎稳健，放出活力，管出公平，服出便利，流程并联，环节整合，时间压缩，材料简化，费用压降，效率提高。

2. 关于市场

敢亲真清，热情坦荡，融商汇智，撷英荟萃。

3. 关于综治

勇往直前，舍生忘死，勇于攻坚，善于克难，执法如山，刚正不阿，以法为据，以理服人，以情感人，扎根基层，默默无闻，法安天下，德润人心，科学立法，严格执法，公正司法，全民守法，奉法固基。

4. 关于人才

固巢留凤，筑巢引凤。

5. 关于用人

公正用人,公在公心,公在风气,事业为上,依事择人,人岗相适,善则赏之,过则匡之,患则救之,失则革之。

6. 关于军队

铁翼飞旋,车轮滚滚,战鹰亮翅,风展红旗,沙场点兵,威武雄壮,赛场争锋,勇夺桂冠,召之即来,来之能战,战之必胜,战鼓催征,军旗猎猎,誓言铮铮,实战实训,联战联训,按纲施训,从严治训,全副武装,威武列队,整齐列阵,气势磅礴,威严伫立,集结待命,铁甲滚滚,战舰驰骋,银鹰呼啸,剑指苍穹,政治建军,改革强军,科技兴军,依法治军,呼号震天,机甲轰鸣,战尘飞扬,品质顽强,厉兵秣马。

7. 关于信访

疏导情绪,解疑释惑,情感关爱,心理疏导,帮扶救助。

8. 关于协商

商以求同,协以成事,凝聚共识,凝聚智慧,凝聚力量,言之有据,言之有理,言之有度,言之有物,议政建言,建之有方,咨之有效,真诚协商,务实协商,前瞻务实,咨政建言,增信释疑,协调关系,解疑释惑,宣传政策,理顺情绪,化解矛盾,增进共识。

9. 关于办公

参谋服务,统筹协调,督查督办,保障运行,开口能讲,提笔能写,问策能对,遇事能办,功能定准,目标定好,问题找准,原因找到,措施夯实。

(注:以上业务类为抛砖引玉,读友们可根据自身业务工作自行构建)

三、适用"怎么办"暨方法论类词语

1. 关于少数关键

胸怀天下，立己达人，坐镇中枢，指挥四方，定于一尊，一锤定音，扛起主责，抓好主业，当好主角，引航掌舵，把脉定向，把握方向，谋划全局，研究战略，制定政策，科学决策，保障落实，亲自挂帅，亲自出征，亲自督战，亲自推动，高屋建瓴，高举旗帜，高瞻远瞩，高位引领，高位聚能，高位推进，跟踪进度，敲钟问响，扶危定倾，力挽狂澜，运筹帷幄，务实进取，立论定向，统揽全局，协调各方，领袖风范，政治智慧，理论勇气，卓越才能，人格魅力，亲之劳之，思接千载，视通万里。

应用案例：

①亲自部署、亲自把关，就要身处"庙堂"逐字逐句推敲"花脸稿"，听从不同观点交锋，对群众期盼了然于胸，不完善决不会上；

②亲自协调、亲自督察，就要深入"江湖"手端一本台账，在基层实践中反复改进、不断优化，遇到异常情况随时紧急处置。

（摘自《人民日报》）

2. 关于组织领导

握指成拳，同频共振，合力合拍，合力攻坚，统一思想，提高认识，认清形势，明确任务，加强领导，精心组织，完善机制，密切配合，凝聚共识，形成合力，双手联弹，双量发力，双色并重，双管齐下，高位推动，部门联动。

3. 关于调研

解剖麻雀，放下架子，迈开双腿，迈开步子，蹚出路子，扎下身子，沉到一线，亲自察看，亲自体验，吃透两头，吃透上情，摸清下情，把握内情，了解外情，听真声音，挖真问题，找真药方，心中有数，心中有谱，心中有招，揣着问题，带着感情，躬身向下，深入基层，深入群众，深入一线，说走就走，随时可停，关注终端，接触末梢。

4. 关于试点

深入探索，大胆尝试，经验复制。

5. 关于群众路线

了解民情，反映民意，集中民智，维护民利，凝聚民心，问政于民，问需于民，问计于民，融入群众，融化冷漠，融通隔阂，为民履职，为民担责，为民服务。

6. 关于工作状态

凛然正气，凌云之气，冲天豪气，舍我其谁，勇当尖兵，爬坡过坎，奋勇向前，严字当头，实字托底，细上着力，往严里抓，往实里干，往细里做，蓬勃朝气，盎然锐气，浩然正气，夙夜在公，不舍昼夜，心无旁骛，静谧自怡，一门心思，一鼓作气，敢为人先，披荆斩棘，抖擞精神，奋发有为，步步深入，口令不换，方向不变，力度不减，对标对表，咬紧牙关，开拓进取，一心一意，兢兢业业，精益求精，爱岗敬业，干在实处，走在前列，勇立潮头，做出表率，豁得出去，顶得上去，提起气来，沉下心去，上热下冷，上急下慢，上动下看，深思熟虑，源于精神，始于信心，奋楫争先，日拱一卒，脚踏春冰，头顶悬石，倍道兼程，急起直追，群策群力，想方设法，千方百计。

7. 关于奋斗

放飞梦想，激扬青春，富有理想，充满活力，敢于担当，乘风破浪，扬帆远航，梦在前方，路在脚下，插柳成荫，育种蹲苗，事在人为，勠力同心，争先进位，后发崛起。

8. 关于担当

敢于担当，甘于担当，乐于担当，勤于担当，严于担当，善于担当，精于担当，敢于拍板，敢于扛事，敢破敢立，敢闯敢试，担责不误，临难不却，履险不惧，受屈不计，负重前行，担责不推，担事不躲，担学不辍，担难不怯，担忧不惧。

9. 关于学习

学贵有恒，学须崇实，强读强记，常学常新，往深里走，往实里走，往心里去，潜心研究，静心笃志，用心一处，知行合一，以知促行，以行求知，敏于求知，勤于学习，敢于创新，勇于实践，静心沉潜，目标专一，洗礼心灵，涤荡灵魂，内正其心，外正其行，学以修身，学以增智，学以提能，学以致用，入脑入心，意解情通，嵌入灵魂，学思践悟，融入血液，铸入灵魂，日积月累，勤学不倦，学在深处，谋在新处，干在实处，引向深入，推向持久，见到实效，青春无边，奋斗以成，走深踩实，融入血脉，刻进灵魂。

10. 关于成长

自我修炼，正心明道，广接地气，历练成熟，摔打磨砺，政治要强，情怀要深，思维要新，视野要广，自律要严，人格要正。

11. 关于推进

拧拧螺丝，敲敲脑壳，再理一理，再促一促，再抓一抓，再推一推，上级推动，周边促动，先行带动，激发动力，激发动能，增强后劲，聚集合力，迸发合力，增添动力，汇聚合力。

12. 关于责任

放在心上，抓在手上，扛在肩上，倒逼时限，倒排工期，倒查责任，攻城拔寨，责任压实，要求提实，考核抓实，层层分解，落实责任，责任重大，各司其职，各负其责，守土有责，守土负责，守土尽责，重点突破，落在实处。

13. 关于重点

围绕节点，突出重点，打造亮点，破解难点，直击痛点，紧盯热点，疏通堵点，消除痛点，焦点不散，靶心不变，夯基垒台，选材备料，立柱架梁，抓纲举目，纲举目张，统筹兼顾，整体推进，有序推进，持续推进，兜牢底线，蹄疾步稳，策马扬鞭，积极审慎，集中精力，聚精会神，积厚成势，凝聚荟萃，辐射带动，创新引领。

14. 关于问题

扬长避短，化短为长，扬长克短，把短拉长，扬长补短，补齐短板，釜底抽薪，源头防控，多管齐下，标本兼治，完善程序，释放效力，及时回应，突破创新，统筹发展，补齐短板，加固底板，延长长板，先紧后松，上紧下松，外紧内松。

15. 关于难点

啃硬骨头，接烫山芋，蹚地雷阵，攻坚拔寨，穿出荆棘，突出藩篱，破解难题，内忧外患，风雨如磐，跋山涉水，爬冰卧雪，草根果腹，闯关夺隘，决战决胜，抓住要害，找准原因，果断决策。

16. 关于精准

找准路子，开对方子，打响牌子，靶向施策，区分情况，分类指导，对准问题，抓住要害，找准穴位，对准焦距，对症下药，精准滴灌，靶向治疗，精准发现，精准发力，精准突破，精准配对，无缝对接，有的放失，摸到窍门，找到钥匙，瞄准靶向，开足火力。

17. 关于效率

盯紧进度，敲钟问响。

18. 关于改革

上下求索，锐意改革，无暇歇脚，不进则退，现实痛点，发展难点，民生热点，舆论焦点，思想不乱，队伍不散，工作不断。

19. 关于创新

革故鼎新，新旧相融，推陈出新，闯出新路，掌握主动，先行探索，变中求新，创新竞进，筚路蓝缕，手胼足胝，老树新枝，凤凰涅槃，勇于变革，勇于创新，勇立潮头，守正开新，永不僵化，永不停滞，澎湃动力，彰显实力，标注动力，激发活力，独领世界，翱翔苍穹，因事而化，因时而进，因势而新，质量变革，效率变革，动力变革。

20. 关于宣传

启迪思想，陶冶情操，温润心灵，以文化人，以文育人，以文培元，全程媒体，全息媒体，全员媒体，全效媒体，提笔能写，对筒能讲，举机能拍，点亮荧屏，敢于发声，善于发声，坚定自信，站稳脚跟，借筒传声，借台唱戏，春风化雨，滴灌渗透，保持热度，保持风度,增加锐度,把握尺度。

21. 关于宣讲

大处着眼,小处着手,润物无声,点滴入心,寓理于事,深入浅出,宣出信心,讲出味道。

22. 关于制度

制度设计,制度建设,制度安排,制度完善,制度保障,制度衔接,前后衔接,左右联动,上下配套,系统集成。

23. 关于理念

崇尚创新,注重协调,倡导绿色,厚植开放,推进共享。

应用拓展:
①让创新释放引领发展的第一动力,
②让协调成为持续健康发展的内在要求,
③让绿色体现在永续发展的每个环节,
④让开放成为国家繁荣发展的必由之路,
⑤让共享给予更多人梦想成真、人生出彩的机会。

①创新发展,释放强劲动能;
②协调发展,推动行稳致远;
③绿色发展,赢得美好未来;
④开放发展,实现互利共赢;
⑤共享发展,增进人民福祉。

(摘自《人民日报》)

第3节　适用党建类讲话稿等专项词语

1. 关于信念

叩问初心，守护初心，滋养初心，找寻初心，锤炼初心，回归初心，回归传统，回归本色，不忘初心，擦亮初心，践行初心，重塑思想，重塑作风，重塑生态，头脑清醒，态度鲜明，行动坚决，心中有魂，铁心向党，目光明澈，心中笃定，立心铸魂，固根铸魂，铸魂补钙，大德铸魂，成风化人，凝神聚气，强根固本，补钙壮骨，不务虚名，绽放清芬，不求清誉，不尚清谈，品德润身，公德善心，思想淬炼，政治历练，实践锻炼。

2. 关于廉洁

心存敬畏，手持戒尺，久久为功，廉洁从政，廉洁用权，廉洁修身，廉洁齐家，激浊扬清，抓早抓小，看准红线，守住底线，激荡清风，塑造新风，以戒为固，以怠为败，守之以理，守之以法，守之以谦，正心明道，大公无私，公私分明，先公后私，公而忘私，戒贪止欲，克己奉公，严以修身，俭以养德，守纪如铁，守口如瓶，守身如玉。

3. 关于治党

刀刃向内，真刀真枪，紧盯不放，寸步不让，发力加压，正风肃纪，刷新吏治，勠力同心，刮骨疗毒，淬火打磨，打虎生威，拍蝇显力，动辄则咎，触及灵魂，反腐惩恶，猛药去疴，重典治乱，河清海晏，祛病疗伤，咬耳扯袖，红脸出汗，干干净净，清清爽爽，硬硬朗朗，培育党心，规范党行，牢记党姓，塑造党形，以小带大，以小见大，日积月累，风化俗成，标本兼治，立规明矩，力度不减，尺度不松，节奏不变。

应用案例：
①坚定政治方向，切实树牢"四个意识"；
②着力凝神聚魂，坚守共产党人精神家园；
③始终遵规守矩，严肃党内政治生活；
④坚持除弊革新，推动党风政风持续好转根本好转；
⑤注重选贤任能，打造忠诚干净担当的执政骨干队伍；
⑥着眼固本强基，坚持重心下移夯实基层基础；
⑦强化标本兼治，深入推进反腐倡廉建设。

（四川省第十一次党代会报告）

4. 关于做人

心有大我，至诚报国，爱国守法，崇德守信，文明和善，热情厚道，开明包容，大气豁达，务实敬业，勤勉吃苦，坚韧自强，敢为人先，崇尚一流，追求卓越，坚韧前行，务实奋斗，从不屈服，永不言败，绝不退缩，朝气蓬勃，好学上进，视野宽广，开放自信，国家栋梁，社会先锋，行业翘楚，社会楷模，民族先锋。

5. 关于督查

全程跟踪，动态销账，精密调度，精确推进，精准督察，精细管理，督在实处，察在要害，扩点拓面，究根探底。

6. 关于巡察

层层剥笋，深入挖掘，解剖麻雀，举一反三，找出病灶，分析原因。

7. 关于团结

团结协作，紧密相连，利益相融，休戚相关，热情关心，同心同德，海纳百川，兼容并蓄，同频共振，齐抓共管，群策群力，齐头并进，抓点扩面。

第4节 适用通讯稿中关于天气的开头词语

春风拂面，暖意融融，日暖风清，草木葱茏，雨霁霞红，暑威尽退，金风送爽，繁花似锦，水天一色，稻菽飘香，瓜果飘香，硕果压枝，瑞雪初霁，艳阳高照，天高云淡，天阔云舒，秋意渐浓，海风渐冷，冬日暖阳，银装素裹，春寒料峭，粉妆玉砌，橙黄橘绿，玉树琼浆，寒意正浓，风和日丽，海碧山青，青山紫翠，碧海流云，红瓦绿树，碧海青山。

第5节 适用言论、评论、审议发言等文稿的词语

1. 关于评价

指路领航，拨云去雾，指路立碑，承前启后，继往开来，谱写篇章，奠定基础，高瞻远瞩，气贯长虹，丰富深邃，深邃精辟，视野宏阔，视野宽广，擘画新局，擘画愿景，意蕴深厚，立意高远，思想深刻，要求具体，内涵丰富，博大精深，好读易懂，言约旨深，主题鲜明，包含关切，寄托希望，情真意切，语重心长，令人鼓舞，催人奋进，振聋发聩，感染心灵，豪情满怀，引领方向，标明路径，开启征程，武装头脑，指导实践，推动工作，视野开阔，气度恢宏，

气势磅礴，气氛热烈，气场强劲，气质鲜明，气象万千，可喜可贺，可圈可点，可赞可颂，滋润心灵，引领风尚，春风化雨，润物无声，妥帖工巧，铿锵有声，引经据典，譬喻丰富，心系发展，情系人民，一面旗帜，一把火炬，一声号角，文风朴实，举旗定向，再启新局，昭示希望，带着温暖，饱含深情，字字千钧，出新出彩，入脑入心，会风清新，建言务实，擘画科学，砥砺奋进，生态向好，民生改善，活力释放，守正出新，后劲增强，春风化雨。

2. 关于地位

战略重点，战略地位，一号工程，基础支撑，关键支撑，重要领域，关键环节，龙头工程，吸睛名片，标志话语，强劲引擎，思想灯塔，精神支柱，力量源泉，进军口号，行动纲领，光辉篇章，时代宣言，理论飞跃，幸福指南，时代主题，正确道路，有效路径，路径方法，目标任务。

3. 关于表态

态度坚决，信心坚定，情绪饱满，决心很大，系统领会，深刻理解，准确把握，衷心拥护，全心支持，积极参与，秉承初心，承梦前行，不忘初心，赤诚不改，高举旗帜，维护核心，摆脱困境，撕掉标签，贴上名片，鼎力支持，责任重大，使命光荣，恪尽职守，勤勉工作，不辱使命，不负重托，人民公仆，时代先锋，民族脊梁，摆在首位，作为关键，努力方向，基本遵循，方法路径。

4. 关于抓落实

尽锐出战，真践实履，实干为要，不弃微末，不舍寸功，不受虚言，不听浮术，不慕虚荣，不务虚功，不图虚名，务实重干，落在细上，落在小上，落在实上，撸起袖子，扑下身子，不采华名，不兴伪事，强化落地，吹糠见米，盯住主业，务实笃行，闻令而行，听令即行，立说立行，少说多干，真抓实干，实干兴省，实绩惠民，埋头苦干，求真务实，常抓不懈，持之以恒，一抓到底，抢先抓早，抓在日常，严在经常，横向到边，纵向到底，不留死角，绵绵用力，久久为功，一以贯之，善作善成，推动落实，重点落实，精准落实，深化落实，埋头真抓，撸袖实干。

应用案例：
①目标任务要抓实，自觉运用改革思维和改革办法推进各项工作，区分轻重缓急；
②精准落地要抓实，对症下药，制定实施方案直奔问题去，充分调研论证，突出针对性和可操作性；
③探索创新要抓实，继续鼓励基层创新，及时总结推广地方的创新做法；
④跟踪问效要抓实，抓好改革督察，开展评估工作，做到基本情况清楚、问题分析清楚、工作方向清楚；
⑤机制保障要抓实，完善督办协调、督察落实、考评激励、责任追究等工作机制。

①抓主体责任，牵头部门对经办的改革举措要全程过问、全程负责、一抓到底；
②抓督办协调，对敷衍塞责、拖延扯皮、屡推不动的，对重视不够、研究甚少、贯彻乏力的，要进行问责；
③抓督察落实，强化督察职能，健全督察机制，抓紧构建上下贯通、横向联动的督察工作格局；
④抓完善机制，抓紧完善督办协调、督察落实、考评激励、责

任追究等工作机制;

⑤抓改革成效,把是否促进经济社会发展、是否给人民群众带来实实在在的获得感,作为改革成效的评价标准;

⑥抓成果巩固,及时总结推广改革经验,把各项成果总结好、巩固好、发展好,努力使实践成果上升为制度成果。

①实施方案要抓到位,抓住突出问题和关键环节,找出体制机制症结,拿出解决办法,重大改革方案制定要确保质量;

②实施行动要抓到位,掌握节奏和步骤,搞好统筹协调,使相关改革协同配套、整体推进;

③督促检查要抓到位,强化督促考核机制,实行项目责任制,分兵把守,守土有责,主动出击,贴身紧逼;

④改革成果要抓到位,建立健全改革举措实施效果评价体系;

⑤宣传引导要抓到位,积极宣传改革新进展新成效。

(摘自《人民日报》)

5. 其他词语

交流经验,研究问题,全面覆盖,人岗相宜,腾笼换鸟,反复酝酿,逐级遴选,不忘本来,吸收外来,面向未来,大国泱泱,大潮滂滂,斟酌损益,调和鼎鼐,新老接力,梯次接续,政策沟通,设施联通,贸易顺通,资金融通,民心相通,一村一品,一村一景,一村一韵,一键直达,接单回应,导引善行,阻挡贪念,无处不在,无所不及,无人不用,守望相助,风雨同舟,责任不减,要求不降,机制不变,措施不松,靶心不散,频道不换,投入不减,政策不变。

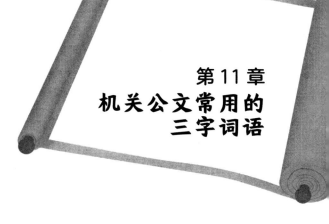

第11章 机关公文常用的三字词语

1. 关于成果

亮点多,活力强,指标靓,成绩优,政策好,措施实。

2. 关于作用

固根本,稳预期,利长远。

3. 关于领导

举旗帜,指方向,明方略,管宏观,谋全局,抓大事,抓思路,抓调研,抓推进,抓落实,绘蓝图,谋大局,定政策,管方向,把方向,作决策,保落实,带队伍,促改革,忧之切,思之深,谋之远,办大事,解难题,挽狂澜,开新局。

应用案例:
①抓思路,带领大家一起定好盘子、厘清路子、开对方子;
②抓调研,拿出来的方案要有底气、接地气;
③抓推进,时不时给大家拧拧螺丝、敲敲脑壳;
④抓落实,要知难而进,不能畏首畏尾。

(摘自《人民日报》)

4. 关于调研

朝下看，往下跑，向下钻，俯下身，沉下心，下农田，询经营，问效益，聚村头，进深山，走村寨，入农户，进地头，坐炕头，听民意，察民情，悉民困，惠民生，解民忧，谋民意，暖民心，纾民困，勤走访，有底气，接地气，沉下去，融进去，走出去，拜名师，学标兵，取真经，讲政策，说情理，开眼界，过筛子，踩上点，把准脉，问政策，算账本，聊变化，询饥饱，问冷暖，恤困苦。

5. 关于谋划

观大势，谋全局，议大事，思全局，思大局，谋方略，善谋大，善谋远，善谋深，动脑筋，谋思路，出点子，拿建议，想办法，想对策，花力气，找短板，瞄靶心，狠发力，有规划，有蓝图，有基础，有举措，谋富强，图复兴，聚福祉。

6. 关于制度

搭架子，定规矩，筑屏障，辟蹊径，划边界，补空白，立新规，树导向，强监管，强基础，补弱项，增优势，添活力，作于细，成于严，立得住，行得通，管得了。

7. 关于措施

促转型，促改革，促民生，促开放，促和谐，抓治理，抓延伸，抓创新，抓改革，抓生态，强龙头，强治理，强平台，强三农，强引擎，稳增长，建机制，建制度，优服务，优规划，打基础，谋长远，搭平台，出政策，求突破，激活力，施法治，固根本，树形象，调结构，提质效，重建管，重保护，筑平台，惠民生，转作风，保生态，保稳定，防风险，谋思路，打基础，寻突破，扩开放，抓环保，优生态，提效能，攻脱贫。

应用案例：

五年来，我们致力稳增长、调结构，综合实力稳步提升；
五年来，我们致力提质效、促转型，三次产业齐头并进；
五年来，我们致力抓改革、促开放，发展活力不断彰显；
五年来，我们致力优规划、重建管，城乡面貌焕然一新；
五年来，我们致力强治理、重保护，生态环境不断优化；
五年来，我们致力打基础、筑平台，发展后劲持续增强；
五年来，我们致力惠民生、促和谐，群众福祉日益增进；
五年来，我们致力转作风、建制度，全面推进从严治党。
（摘自开阳县第十二次党代会报告）

这五年，我们始终专注快发展，综合实力跨上新台阶；
这五年，我们始终注重调结构，产业升级实现新突破；
这五年，我们始终致力塑形象，城乡建设焕发新面貌；
这五年，我们始终持续增动力，改革开放迈出新步伐；
这五年，我们始终突出惠民生，社会事业进入新境界；
这五年，我们始终坚持强党建，党的建设得到新加强。
（摘自玉山县第十三次党代会报告）

8. 关于担当

涉险滩，扛重活，挑大梁，唱主角，扛重担，打硬仗，站队首，立潮头，当先锋，树标杆，站排头，做示范，先行者，排头兵，挺在先，冲在前，敢发声，敢拍板，坐不住，等不起，睡不着，拖不得，能推功，敢揽过，善纠错，定准位，换好位，补对位，大胆试，大胆闯，自主改，放手干，树雄心，立壮志，敢担当，勇拼搏，展拳脚。

9. 关于实效

重实际，察实情，讲实话，出实策，鼓实劲，办实事，求实效，出实绩，做实事，亮实招，下实功，施实策，见实效，抱实心，练实功，行实政，兴实业，一对一，点对点，面对面，心贴心，硬碰硬，实打实，背靠背，手拉手，动真情，动真格，动真章，做到底，做到位，做到家，下功夫，求突破，搞空谈，踩虚脚，放哑炮，动真的，来实的，碰硬的，干在先，干得准，干得对，干得成，干得好，强监督，实问责，下基层，接地气，摸实情，定思路。

10. 关于优化营商环境

降门槛，少证明，减环节，压时限，抓培训，强监管，狠纠偏，补短板，堵漏洞，防风险，放到底，管到位，服到心，跑一次，精策划，强招引，建载体，优保障，落到位，改彻底，见成效，省时间，简手续，助融资。

11. 关于行动

眼睛亮，见事早，行动快。

12. 关于重点

打七寸，抓重点，克难点，造洼点，建高点。

13. 关于难点

破难题，涉险滩，克险关，克难关，破坚冰，攻城堡，拔城池，通阻滞。

14. 关于改革

敢开放，真开放，先开放，全开放，不走样，不跑偏。

15. 关于军队

登甲板，进舱室，冒严寒，迎朔风，着迷彩，蹬战靴，能打仗，打胜仗，谋打赢，懂打仗，善谋略，会指挥，登战车，入战位。

16. 关于督察

督任务，督进度，督成效，察认识，察责任，察作风，听其言，观其行，察其果。

17. 关于廉洁

明大德，守公德，严私德，正歪树，治病树，拔烂树，护森林，织铁网，挥利剑，出重拳，敲警钟，不放纵，不越轨，不逾矩，照镜子，正衣冠，洗洗澡，治治病，无禁区，零容忍，清存量，阻增量，量自身，正己身，打招呼，发信号，提要求，浚其源，涵其林，养正气，固根本，知边界，有约束，守纪律，讲规矩，重品行。

18. 关于整改

挖根源，祛病灶，真整改，不贰过。

19. 关于办公

学在前，想在前，干在前，谋划早，行动快，督促紧，落实细。

20. 关于学习

案头书，工具书，座右铭，学而信，学而用，学而行，铭于心，融于魂，践于行，悟原理，求真理，明事理。

21. 关于宣传

把方向，抓导向，管阵地，强队伍，立主导，谋共识，立得住，叫得响，传得开，思想性，成就感，艺术性，传播力，立体化，全

方位，多角度，全景式，方向准，导向正，创意新，质量优，多层次，广覆盖，分众化，接地气，强底气，增生气，贴民情，有思想，有温度，有品质，沾泥土，带露珠，冒热气，强信心，暖人心，筑同心，举旗帜，聚民心，育新人，兴文化，展形象，讲品格，讲格调，讲责任。

22. 关于宣讲

进农村，进社区，进学校，进机关，进企业，进军营，进网络，接地气，聚人气，鼓士气，学报告，讲精神，论发展，理思路，听得懂，能领会，可落实。

23. 关于扶贫

结对子，理路子，想法子，甩膀子，强班子，凑份子，造册子，摘穷帽，保家园，挪穷窝，除病魔，绝穷根，全保障，帮扶谁，谁帮扶，扶得好，把准脉，点准穴，下准药，治准病，填洼地，铺好路，加满油。

24. 关于评价

站得高，盯得准，落得实，有高度，有深度，有温度，大决策，大手笔，大布局，信念坚，政治强，本领高，作风硬。

25. 比喻类（正）

总载体，主战场，突破口，新篇章，动力源，试验田，排头兵，细心人，新起点，里程碑，宣言书，动员令，总纲领，总部署，总动员，强国论，战略论，人民论，压舱石，支撑点，分水岭，校正仪，主打歌，预警器，总开关，金钥匙，定神针，勇字诀，撒手锏，助推器，基本色，龙头跃，生命线，三部曲，发动机，谈心术，吸铁石，净化器，凯旋门，标准像，垫脚石，始发地，正能量，好声音,强磁场,硬功夫,通天桥,绣花功,救生圈,紧箍咒,催化剂,通行证,百事通,减压阀,出气筒,透视机,诊断器,智囊团,协调员,推进器,质检员。

26. 比喻类（反）

滑铁卢,绊脚石,障碍物,致命伤,安眠药,迷魂汤,绞索架,墓志铭,自画像,假把式,刽子手,麻醉剂,假面具,马赛克,粉碎机,注射剂,大黑洞,报警器,导火索,安魂曲,万花筒,哈哈镜,后悔药,休止符,放大器,软刀子,死胡同,地沟油,烂尾楼,登云梯,压哨声,香诱饵,集散地,火药桶,雾霾天,下课铃。

27. 关于综治

保安全,护稳定。

28. 关于人才

经风雨,见世面,长才干,壮筋骨,递梯子,给位子,压担子,铺路子,搭台子,有信仰,有信念,有信心,增本领,强素质,作奉献,起好步,筑好基,墩墩苗,接地气,勇担当,思进取,善作为。

29. 关于协商

好参谋,好帮手,好同事,道实情,建良言,会协商,善议政,聚合力,凝众智,展宏图,添动力,增助力,聚合力,懂政协,会协商,建真言,谋良策。

30. 关于斗争

经风雨,见世面,壮筋骨,练胆魄,磨意志,长才干。

31. 其他

疏功能,转方向,治环境,补短板,促协同,惠民生,梳堵点,拆藩篱，破壁垒，提品质，创品牌，优服务，讲仁爱，重民本，守诚信，崇正义，尚和合，求大同，听得懂，记得牢，传得开，观其德，视其能，看其行，评其绩，察其廉，爱国者，奉献者，改革派，实干家，创业者，建设者。

第12章 机关公文常用的五字短语

第1节 适用综合文稿成效类

1. "新"字类

（1）以"实现"开头

实现新提升，实现新提高，实现新跨越，实现新突破，实现新成效，实现新发展，实现新改善。

（2）以"取得"开头

取得新改善，取得新成绩，取得新突破，取得新成果，取得新成效，取得新进展，取得新胜利，取得新提升。

（3）以"得到"开头

得到新加强，得到新改善。

（4）以"呈现"开头

呈现新气象，呈现新局面。

（5）以"迈"字开头

迈上新台阶，迈出新步伐。

（6）以"开"字开头

开创新局面，开拓新局面。

（7）其他类

迎来新突破，形成新骨架，汇聚新动能，展示新风貌，展现新

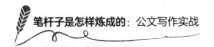

风采,收获新成效,达到新高度,创造新辉煌,谱写新篇章,获得新提升,发生新变化,又有新提升,开启新征程,夺得新战果,走出新天地。

应用案例:
①经济发展迈上新台阶;
②创新开放开拓新局面;
③三大攻坚夺取新战果;
④民生改善取得新成效。
(摘自湖南省2020年政府工作报告)

①理论武装得到新加强;
②经济发展实现新跨越;
③创新水平得到新提升;
④改革开放实现新突破;
⑤文化建设迈上新台阶;
⑥生态文明取得新进步;
⑦人民生活得到新改善;
⑧民主法治建设取得新进展;
⑨全面从严治党开创新局面。
(摘自安徽省第十次党代会报告)

①供给侧结构性改革取得新成效;
②转型综改开创新局面;
③动能转换取得新突破;
④对外开放取得新进展;

⑤"三农"工作取得新成果;
⑥城乡面貌发生新变化;
⑦文化建设实现新发展;
⑧人民生活水平实现新提高;
⑨生态环境质量实现新改善;
⑩政府自身建设得到新加强。

(摘自山西省2018年政府工作报告)

2."在"字类

思想在夯实,作风在转变,顽疾在整治,生态在净化,制度在完善。

3."比较"类

行动比较快,指向比较准,落点比较实,反响比较好。

4.宣传类

超越平台期,融报道井喷,新创意爆棚。

5."更"字类

决心更坚定,思想更明确,方向更清晰,脚步更有力。

6."了"字类

活跃了思维,深邃了思想,试炼了精神,发现了新图景。

7.其他类

进一步提升,进一步增强,全方位改善,全方位扩大。

第 2 节　适用综合文稿措施类

1."新"字类

谋划新格局，引领新潮流，铺展新画卷，勾勒新路径，绘就新蓝图，迈向新时代，适应新时代，建功新时代，赋予新内涵，注入新动力，树立新理念，形成新机制，抢抓新机遇，耕耘新动能，构建新格局，创造新作为，开启新征程，踏上新征程，开启新纪元，续写新篇章，成为新引擎，引来新投资，换上新马甲，占领新阵地，出现新形式，聚焦新目标，落实新部署，瞄准新表现，激荡新气象，成就新作为，开辟新路径，培育新动能，创造新生活，跑出新速度，推动新跨越，开创新未来，贯彻新思想，掌握新知识，熟悉新领域，开拓新视野，适应新常态，研究新问题，破解新难题，活跃新生活，摆脱新平庸，利用新技术，发展新业态，激发新动能，找准新需求，做好新供给。

2."好"字类

打好大局牌，打好感情牌，打好优势牌，打好机制牌，打好服务牌，打好公益牌，打好组合拳，打好精准牌，下好先手棋，练好基本功，立好军令状，弹好多重奏，打好主动仗，管好责任田，签好责任书，唱好主角戏，唱好重头戏，画好同心圆，当好笔杆子，当好小郎中，当好领头雁，用好指挥棒，用好传家宝，答好赶考卷，打造好作品，传播好声音，展示好形象，建好大格局，奏好主题曲，唱好好声音，当好监控官，打好铁算盘，念好日常经，画好工笔画，用好救命钱，当好情报兵，当好侦察兵，当好尖刀兵，当好勤务兵。

3. "出"字类

发出动员令，排出任务书，挂出作战图，定出时间表，打出组合拳，画出硬杠杠，做出新亮点，拿出硬作风。

4. "管"字类

管好关键人，管到关键处，管住关键事，管在关键时。

5. 经办服务类

办事零跑动，服务零距离，群众零顾虑，发展不停步，服务不打烊。

6. "学"字类

原原本本学，原汁原味学，带着问题学，联系实际学，如饥似渴学，时时处处学，持之以恒学，全面系统学，自觉主动学，及时跟进学，深入思考学，联系实际学，学思用贯通，知信行统一，自觉主动学，笃信笃行学。

7. 宣传类

全区域统筹，多方面联动，多领域融合，多兵种集合，多媒体联动，故事化表达，立体化传播，吹响进军号，吹响集结号，吹响先锋号，守文化沃土，传红色基因，走田间地头，讲乡村故事，培精神厚土，育青春榜样。

8. 其他类

练就宽肩膀，提升真本领，争当主攻手，细耕责任田，搭建产业链，牵住牛鼻子，形成聚能环，攥成强拳头，激活一池水，唱响主旋律，扭住牛鼻子，筑牢基础桩，汇聚正能量，成为活档案，承当消防员，铸成多面手，常怀赶考心，讲清大道理，凝聚正能量，做对运算符,用足工具箱,出准撒手锏,晾晒对账单,丰富菜盘子,建成小乐园,立下愚公志,形成合围势,打赢终极战,擦亮精准牌,构建滴灌网,引入动力源,提升精气神,增强精气神,争当领头雁,明确风向标,弘扬主旋律,传播正能量,守住警戒线,提升组织力,打造软环境,释放软优势,串起旅游线,搬迁断穷根,共织小网络,推动大治理,评议成绩单,整治牛科长,畅通中梗阻,防止软落实,礼让斑马线,搭建大平台,筑牢安全线,唱响共赢曲,锻造硬作风,守住保障线,话履职感悟,谋务实之策,参在点子上,谋在关键处,贡献金点子,找准切入点,紧扣关键点,抓住着力点,跳动中国心,共筑中国梦。

第3节　适用党建类

1. "管"字类

管好关键人,管到关键人,管住关键事,管在关键时。

2. "子"字类

用好印把子,管住钱袋子,摆正官位子,慎碰酒杯子。

3. "好"字类

念好紧箍咒,用好处方权,把好方向盘,把好廉洁关,念好当家经,当好护林员。

4. "之"字类

补精神之"钙",铸思想之魂,强信念之基。

5. "有"字类

言行有界限，交往有分寸，工作有规矩。

6. "住"字类

稳得住心神，管得住行动，守得住清白。

7. 其他类

筑就压舱石，筑牢防火墙，确立定盘星，坚定主心骨，树立风向标，握牢方向盘，严明高压线，抬升标尺线，注入原动力，常打免疫针，发挥威慑力，扣上风纪扣，关进制度笼，拧紧总开关，常打预防针，铺设高压线，举精神之旗，立精神之柱，建精神家园。

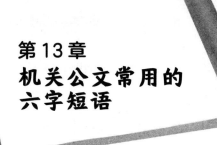

第13章 机关公文常用的六字短语

1. 适用经政文社生类

调整发展思路,把握经济脉动,统筹协调发展,完善基础设施,集聚发展动能,厚植发展优势,补齐发展短板,提升发展质量,凸显发展温度,推进融合发展,提高经济指标,狠抓转型升级,突出项目引领,推动城市建设,壮大城市产业,聚焦精准扶贫,推进扶贫攻坚,做大产业平台,做强承载平台,做优研学平台,维护社会稳定,加强法治建设,传承文化基因,筑牢精神家园,当好最美声音,争做理论达人,当好提灯使者,壮大主流舆论,讲述同行故事,奏响时代强音,谱写崭新篇章,推动移风易俗,弘扬文明新风,创造金山银山,保护青山绿水,突出环境治理。

2. 适用民生类

提高幸福指数,关注衣食住行,补齐民生短板,抓好基本民生,关爱生老病死,保障底线民生,关切安居乐业,强化热点民生,勤思富民之策,笃行利民之举,致力改善民生,增进民生福祉,凸显民生厚度,持续改善民生,深入田间地头,走访寻常农家。

3. 适用服务类

固化办理标准,简化申报材料,优化办事程序,细化办事指南,联通服务系统,共享政务信息,简化办事程序,合并办事环节,压缩办理时限，前台综合受理，后台分类办理，统一窗口出件。

4.适用方式方法类

准确把握大势，认清世界大势，着眼长远发展，明确未来方向，回答时代之问，解答时代命题，展现时代担当，勇立时代潮头，顺应时代潮流，凝聚时代智慧，打开历史视野，把握历史规律，抓住时间节点，树立工作坐标，拓宽调研渠道，丰富调研手段，创新调研方法，深化县情认识，谋划重大战略，制定重大政策，部署重大任务，推动重大任务，聚神指导思想，聚焦主责主业，聚神使命担当，加快追赶超越，回应群众期待，针对现实问题，全面摸清底数，优化政策举措，细化实施方案，逐项对账销号，加强制度供给，健全制度体系，完善制度细节，扎紧制度篱笆，健全规章制度，完善工作规范，优化服务程序，提高工作标准，完善政策举措，加强制度建设，扎紧制度笼子，聚合多元主体，融合多项举措，整合多种资源，推进互联互通，加快融合发展，直击问题关键，抓住问题要害，坚持问题导向，坚持理念先行，坚持改革攻坚，坚持开放先导，做实协同战略，找准攻坚战术，打好年度战役，摒弃政治焦虑，敬畏发展规律，尊重地方实际，增强工作力度，体察基层疑难，落实主体责任，厘清责任链条，拧紧责任螺丝，提高履责效能，抓住主要矛盾，明确主攻方向，咬定总攻目标，落细攻击点位，完善督战机制，区别轻重缓急，聚焦重点难点，推进理论创新，点燃创新引擎，激发创新活力，扑下身子实干，雷厉风行快干，擦亮实干底色，掌握实干方法，抓住实干方法，擎信息化利剑，破执行难坚冰。

应用案例：

①五年来，我们不断深化县情认识，调整发展思路，转型跨越发展迈出新步伐；

②五年来,我们注重统筹协调发展,完善基础设施,城乡人居环境呈现新面貌;

③五年来,我们大力推进扶贫攻坚,致力改善民生,人民幸福指数得到新提升;

④五年来,我们狠抓改革扩大开放,积聚发展动能,持续科学发展增添新活力;

⑤五年来,我们全力维护社会稳定,加强法治建设,社会治理工作开创新局面。

(摘自竹溪县第十四次党代会报告)

①坚持提高经济指标与提高幸福指数"齐头并进";
②坚持创造金山银山与保护绿水青山"相提并论";
③坚持推动城市建设与壮大城市产业"携手并肩";
④坚持厚植发展优势与补齐发展短板"双向并举"。

(摘自《人民日报》)

5.适用开放类

发出中国声音,讲好中国故事,澎湃中国动力,彰显中国实力,标注中国能力,激发中国活力,挺起中国脊梁,激发中国力量,引领中国风尚,给出中国答案,深化改革开放。

6.适用评价类

顺应时代要求,充满政治担当,彰显人民意愿,进行伟大斗争,建设伟大工程,推进伟大事业,实现伟大梦想,高举伟大旗帜,顺应党心民意,弘扬清正风气,承载历史使命,彰显责任担当,富有时代特色,引发强烈共鸣,唤起奋斗激情。

7. 适用斗争类

发扬斗争精神，增强斗争本领，坚定斗争意志，把准斗争方向，明确斗争任务，掌握斗争规律，讲求斗争方法，应对重大挑战，抵御重大风险，克服重大阻力，解决重大矛盾。

8. 适用党建类

夯实政治根基，涵养政治生态，防范政治风险，永葆政治本色，突出政治功能，深化政治交接，提高政治能力，增强政治能力，严守政治纪律，强化政治担当，提高政治觉悟，加强政治建设，坚定政治信仰，强化政治领导，净化政治生态，保持斗争精神，加强斗争历练，增强斗争本领，永葆斗争精神，健全基层组织，优化组织设置，理顺隶属关系，创新活动方式，筑牢信仰之基，打牢从政之基，常修为政之德，夯实廉政之基，常思贪欲之害，常怀律己之心，廓清思想迷雾，增强理论自信，抓好理论武装，加强阵地建设，补足精神之钙，开出醒脑良方，筑牢思想根基，高扬信念之帆，把牢思想之舵，校准思想之标，绷紧纪律之弦，调整行为之舵，常修为官之德，坚守为政之本，提升施政本领，依法履行职责，持续正风肃纪，优化营商环境，上紧作风发条，织牢制度牢笼，紧握法纪戒尺，挺起精神脊梁，增强党性修养，强化宗旨意识，改进优化作风，点明贪腐暗礁，警醒关键少数。

应用案例：
①突出政治引领，绝对忠诚的思想根基进一步打牢；
②推动决策落实，服务大局的能力水平进一步提升；
③锻造过硬作风，认真负责的担当精神进一步强化；
④发挥绿叶精神，敬业奉献的精神特质进一步树立；

⑤筑牢思想防线，廉洁自律的规矩意识进一步加强。

（摘自《秘书工作》）

9. 适用青年成长类

坚定理想信念，练就过硬本领，勇于创新创造，矢志艰苦奋斗，锻炼高尚品格，追逐青春理想。

10. 适用其他类

铭记光辉历史，传承红色基因。

第14章
机关公文常用的七字短语

这组七字措施类亮点小标题的特征为：第五个字为动词，或引出措施或引出预期目标成效，前四个字或为方法或为理念或为措施。简单概括就是：四字理念/措施/方法＋三字动宾短语。具体如下：

提振信心挖潜力，拉高标杆争进位，上下联动齐推进，内育外引共发力，整治环境抓创建，完善基础强功能，凝心聚力抓招商，强化支撑建园区，因地制宜兴产业，优化布局育基地，大搞活动聚人气，强化宣传亮形象，多措并举强保障，多元供给提服务，夯实三基强引领，两个责任严党纪，全力以赴抓项目，统揽全局抓协调，尽心竭力办实事，彰显特色育新风，坚持不懈抓改革，持之以恒抓班子，敢为人先抓发展，居安思危促转型，攻坚克难强统筹，坚定不移守底线，以人为本惠民生，蹄疾步稳求创新，从严从实夯基础，一马当先抓党建，一以贯之抓作风，一身正气抓廉政，旗帜鲜明抓落实，身先士卒抓落实，立说立行抓落实，善作善成抓落实，一件一件抓落实，一项一项抓兑现，沉下心来干工作，心无旁骛钻业务，坚定信心不动摇，咬定目标不放松，整治问题不手软，落实责任不松劲，转变作风不懈怠，援企稳岗显功效，转型升级稳增长，深化改革促创业，援助培训保重点，创新驱动谋发展，真抓实干促振兴，不计大小解民忧，厘清思路帮发展，化解矛盾促和谐。

应用案例：

①敢为人先抓发展，综合实力显著增强；

②居安思危促转型,产业结构明显优化;
③攻坚克难强统筹,城乡面貌焕然一新;
④坚定不移守底线,生态环境大为改善;
⑤以人为本惠民生,社会事业全面加强;
⑥蹄疾步稳求创新,深化改革扎实推进;
⑦从严从实夯基础,党的建设成果丰硕。
(摘自金沙县第十二次党代会报告)

①五年来,我们始终坚持把加快发展作为第一要务,提振信心挖潜力,拉高标杆争进位,综合实力实现新跃升;

②五年来,我们始终坚持把深化改革作为第一动力,上下联动齐推进,内育外引共发力,创新驱动增添新活力;

③五年来,我们始终坚持把城乡建设作为第一抓手,整治环境抓创建,完善基础强功能,城乡面貌呈现新气象;

④五年来,我们始终坚持把工业强县作为第一战略,凝心聚力抓招商,强化支撑建园区,工业转型迈出新步伐;

⑤五年来,我们始终坚持把富民增收作为第一目标,因地制宜兴产业,优化布局育基地,现代农业取得新突破;

⑥五年来,我们始终坚持把旅游活县作为第一路径,大搞活动聚人气,强化宣传亮形象,第三产业闯出新路子;

⑦五年来,我们始终坚持把民生改善作为第一理念,多措并举强保障,多元供给提服务,群众生活再上新台阶;

⑧五年来,我们始终坚持把党的建设作为第一责任,夯实三基强引领,两个责任严党纪,作风建设步入新常态。

(摘自昔阳县第十五次党代会报告)

第15章 机关公文常用动词、名词、形容词、副词

第1节 常用动词

抓，搞，上，下，出，想，谋，访，进，走，察，问，明，看，建，献，严，改，肃，稳，提，拿，动，见，钻，深；着力，聚力，出力，用力，发力，实现，分析，研究，了解，掌握，发现，提出，推进，推动，推广，制定，出台，完善，建立，健全，加强，强化，增强，增进，促进，加深，加快，加大，深化，扩大，落实，细化，突出，建设，营造，开展，发挥，发扬，创新，转变，发展，统一，提高，提升，保持，优化，优先，聚焦，召开，举行，贯彻，执行，树立，引导，规范，整顿，服务，协调，沟通，配合，合作，支持，开拓，拓展，巩固，保障，保证，确保，形成，指导，统领，统筹，适应，改革，方向，振兴，崛起，分工，扶持，改善，调整，解决，宣传，教育，带动，帮助，维护，实施，鼓励，坚持，监督，管理，整合，理顺，推行，纠正，严格，满足，遏制，整治，保护，丰富，夯实，制约，拓宽，改进，逐步，调节，取缔，调控、把握，弘扬，借鉴，倡导，培育，打牢，武装，凝聚，激发，说服，感召，尊重，包容，提倡，唱响，主张，通达，疏导，着眼，吸引，塑造，搞好，履行，倾斜，惠及，简化，衔接，调处，关切，汇集，排查，协商，化解，动员，联动，汲取，检验，宽容，融洽，筑牢，考验，进取，设置，吸纳，造就。

第 2 节　常用名词

制度，体系，机制，体制，系统，规划，战略，方针，政策，措施，要点，重点，焦点，难点，特点，热点，亮点，矛盾，问题，建设，思想，认识，作风，整治，秩序，作用，地方，基层，传统，运行，监测，监控，调控，监督，工程，计划，行动，创新，增长，方式，模式，转变，质量，水平，效益，会议，文件，精神，意识，服务，协调，沟通，力度，领域，空间，成绩，成就，进展，实效，基础，前提，保障，动力，条件，环节，方法，思路，设想，途径，道路，主意，办法，力气，功夫，台阶，形势，情况，意见，建议，网络，指导，指南，目录，方案，关系，速度，反映，诉求，任务，要务，核心，主体，结构，增量，比重，规模，标准，特色，差距，渠道，主导，纽带，载体，需求，能力，负担，资源，职能，倾向，活力，项目，竞争力，环境，素质，权利，利益，权威，氛围，事权，需要，举措，要素，根本，地位，成果，力量，理想，信念，信心，风尚，正气，情绪，内涵，管理，格局，准则，稳定，安全，支撑，局面，关键，保证，本领，位置，规律，阵地，合力，窠臼。（注：同本章第一节中的"常用动词"搭配，可形成动宾型、措施类四字词语，搭配效果同第 10 章四字词语中的举措类词语。若第 10 章四字词语中没有合适词语时，不妨到本章凑对）

第 3 节　常用形容词

多，宽，高，大，好，快，省，新，优，稳，进，韧，活，实，深，广，准，诚，真，全，严，急，难，险，重，久，勤，细，小，持续，快速，协调，健康，公平，公正，公开，透明，富强，民主，文明，和谐，祥和，优良，良好，合理，稳定，平衡，均衡，稳健，平稳，统一，现代。

应用案例：
①"优"字醒目，经济增速全球领先；
②"稳"字当头，主要指标始终平稳；
③"好"字贯穿，结构优化持续推进；
④"高"字添彩，转型升级蹄疾步稳。

①"稳"，中国经济的基本面；
②"进"，中国经济稳中向好；
③"韧"，中国经济发展的特质。

①"稳"是关键词；
②"优"是最强音；
③"活"是大亮点。

①运行"稳"，
②动能"新"，
③结构"优"，
④效益"好"。

①从主要指标看，"稳"的态势在持续；
②从经济结构看，"进"的力度在加大；
③从发展动能看，"新"的动能在成长；
④从发展质量看，"好"的因素在累积。

①"稳"的格局在巩固,
②"进"的走向在延续,
③"好"的态势更明显。

①学习教育"深",征求意见"广";
②对照检查"准",开展批评"诚";
③整改落实"真",建章立制"实"。

①学习传达要体现一个"快"字,
②具体工作要体现一个"实"字,
③督办问责要体现一个"严"字。

①制度建设强调"全",
②覆盖范围强调"广",
③待遇水平强调"稳",
④基金保障强调"久",
⑤经办服务强调"优"。

①工作作风要突出一个"严"字;
②工作措施要突出一个"实"字;
③工作节奏要突出一个"快"字;
④工作状态要突出一个"勤"字。

①落在"细"上,坚持细处着眼、润物无声;
②落在"小"上,注重小处着手、以小见大;

③落在"实"上,倡导实处着力、知行合一。

(摘自"出彩写作"公众号,源自《人民日报》等媒体)

第4节 常用副词

狠,很,较,再,更,显著,明显,普遍,更加,逐步,不断,持续,全面,有序,加快,尽快,抓紧,尽早,整体,充分,继续,深入,自觉,主动,自主,密切,大力,全力,尽力,务必,务求,有效,进一步。(注:可同本章第一节中的"常用动词"搭配,搭配效果可见第10章四字词语中的成果类词语。若第10章四字词语中没有合适词语时,不妨到本章中凑对)

愚拙当时执着于这个词句集锦的一个重要原因,是为了提升遣词造句的效能,把词句的分类、固化整理放在平时。很长一段时间内,在编辑的过程中,客观上也加快了积累,开拓了视野,活跃了思维,提升了能力。更令人高兴的是,结识了很多天南海北以文辅政鼎新的良师益友,更是提升了对材料的理解认识能力。

老读友可能了解,"出彩写作"公众号最开始发的主要就是这个集锦,后来定期会进行更新,但更新频率越来越慢,最近一两年基本没有更新了。这又是为什么呢?

主要原因有这么几个。

一是自身没有那么需要了。经过几年历练,已逐步发展到由出词,到出句,到出段落,到出文章,最后到出思想的阶段了。已经可以相对从容,用脑中随意迸发出的词语来表达基于深度了解各方面情况后的思想。

二是工作实在太紧太忙。很长一段时间,工作强度实在太大,伴随着时时刻刻的做功课和"恶补",很少再有时间和精力专门去做分类摘录整理。

三是将更稀缺的时间投入到业务的深度掌握和文稿的深度技法上。只能将挤出的时间优先用于深度掌握业务和研究文稿上。这也就是前面的第二个问题。在达到最起码的要求之后,就要去达到以文辅政、以文鼎新的更高标准。

但即便如此,当发现有研习价值的词句时,还是忍不住记在集锦上,固化下来,作为以后灵感的源泉。毕竟掌握的词语越多越鲜活,才能更好更从容地呈现思想、辅政鼎新。

总之,任何好的思想,最终还是要用词语来表达。"使领导在遣词造句上不用再花费脑筋",这始终是笔杆子最起码的要求,也是最基本的素质。

后记
道理都懂,还是不会写,怎么办?

不知各位读者是否曾有过这样的困惑:看了很多关于如何起草材料的书和文章,当时感觉写得挺好,道理好像也都懂,但事后还是不会写。

估计看完愚拙这本书后,可能也会有如此困惑。

怎么看待这一问题呢?

出现这种情况主要还是因为你是以看热闹的心态去看的,而没有结合自身实际及时悟、及时练,融入自己起草材料的体系。

打个比方,你可能经常会看欧洲足球五大联赛,从中感受高水平赛事的高超技巧,但自己却依然踢不出高水平的技巧和技(战)术。毕竟主要还是观众,没有高水平职业球员那样长时间的技巧打磨、体能训练、技术训练、战术演练。在看完比赛之后,也没有及时去悟,及时尝试着去练。看而不练,终归就是个看热闹的。

如何解决这一问题呢?

要消除看客心理,真正结合自身实际去悟,把看到的东西变成自己的。

永远不要指望看完一本书、一篇文章,就一通百通了。天下哪有那么简单的事?!

即便是一通百通,也要建立在高强度的训练、高质量的实践、高水准的复盘上,是要付诸大量辛苦的,是要舍得花费精力的。

愚拙看过很多公文写作类书籍和文章，甚至一本书会看很多遍。每次沉淀后再去读，可能会发现更多的宝贝，这在第一遍读时是完全体会不到的。这也是因为第一遍读时，自己的实践还太浅，不足以领会作者文字背后可意会不可言传的东西。

坦白讲，愚拙这本书，绝不是传授一通百通的技巧。相反，愚拙更多想跟大家分享一些自身的"笨办法""土经验"。

愚拙从不敢奢求，读友们能够认可本书中所有的观点。只要其中有一个部分，一个理念，一个方法，哪怕一句话，能够对不同阶段起草材料的读友有一点点启发，愚拙就心满意足了。

写材料是很复杂的一项脑力活动，有时不见得完全按照某一体系运行，大家没有必要亦步亦趋地完全照着练习。

愚拙在写材料时，也经常出现思维跳跃，有时可能直接绕过磨刀子、定盘子，一上来就是拉纲子，甚至拉纲子和敲盘子同步进行。

毕竟方法是死的，人是活的，要具体问题具体分析，要结合自身当时的储备、状态等各方面情况。

实践出真知。对于好的作品，希望我们不仅要去看，更要去练、去写。要边看边学，学后就练，练后要悟，悟完再看，形成一个又一个的闭环。

最后，拙作即将付梓之际，非常感谢公众号"出彩写作"各位老友一直以来的陪伴。正是你们的陪伴和分享，才加速了愚拙的成长。也感谢通过拙作结识的新读友。

文稿任务很重很累，希望未来的日子里，让我们共同学习提升、以文辅政鼎新。

参考文献

[1] 谢亦森. 大手笔是怎样炼成的（实践篇）：资深老秘书的公文写作秘籍[M]. 武汉：长江文艺出版社，2013.

[2] 雄文. 文稿，还能这样写：一个老写手的隐形经验[M]. 北京：中译出版社，2017.

[3] 李雪勤. 怎样起草文稿[M]. 杭州：浙江人民出版社，2019.

[4] 像玉的石头. 秘书工作手记2：怎样写出好公文[M]. 北京：清华大学出版社，2019.

[5] 何新国. 机关文字工作五十讲[M]. 杭州：浙江大学出版社，2013.

[6] 房立洲. 公文掌上课堂：实战36技[M]. 杭州：浙江大学出版社，2018.

[7] 胡森林. 公文高手的修炼之道[M]. 北京：人民邮电出版社，2018.

[8] 曹如民. 学会写文章[M]. 北京：机械工业出版社，2012.